단어의 배신

단어의 배신

베테랑
번역가도
몰랐던

원어민의
영단어
사용법

박산호 지음

머리말

"어떻게 하면 영어를 잘할 수 있나요?"

"책 한 권을 번역하면 얼마 받아요?"

내가 번역가로서 평소에 가장 많이
받는 질문이다. 정말 다양한 사람
이 첫 번째 질문을 던졌다. 자녀
의 영어 학습법을 물어보는 학부
모, 회사 승진 시험에 꼭 합격해야
한다는 비장한 눈빛의 회사원, 외국에

쉬운 영어 단어, 제대로 알고 있습니까?

살지만 영어를 두려워하는 이민자, 심지어 일하면서 만난 기
자와 작가까지 영어 공부 비법을 알려 달라고 했을 때는 조
금 놀랐다. 이런 직업을 가진 사람은 한국어만 잘해도 충분
한 거 아니었나?

나는 회화와 토익 강사로 영어에 관련된 일을 시작했다. 15년
전 『못 말리는 유모』라는 시트콤을 필두로 번역의 세계에 발
을 디뎠으며 이후 계약서, 논문 초록, 매뉴얼, 영화 시나리오
같은 문서 번역을 거쳐 자기 계발서, 인문서, 에세이, 소설에
이르기까지 60여 권의 외서를 한국어로 옮겼다. 나 역시 일
을 하는 내내 '영어를 잘하는 법'이라는 성배를 찾아다녔지만
성배라는 존재가 원래 그렇듯 소문만 무성하지 실체가 잡히
지 않았다.

매일 영어 텍스트를 붙잡고 씨름하던 나는 번역 3년 차 무렵

부터 단어의 맛을 느끼기 시작했다. 초보 번역가 시절에는 학교에서 배운 영어 단어에 대한 인상과 선입견 때문에 오역을 하는 경우가 종종 있었다. 이를테면 'doctor = 의사'라는 공식에 익숙해져서 '박사'라고 번역해야 할 경우에도 무의식적으로 '의사'라고 옮겼으며, '배신하다'라는 뜻으로 알고 있던 betray에 '정보나 감정을 무심코 노출시키다'라는 의미도 있다는 사실을 알고 깜짝 놀라기도 했다. 그야말로 내가 단어에게 배신을 느낀 순간이었다. 번역가로서 상당히 많은 단어를 안다고 생각했지만 사실은 제대로 알지 못하고 있었던 것이다.

그 후 원어민은 자주 사용하지만 한국인은 잘 모르는 단어의 다양한 의미를 수집하기 시작했다. 단어의 세계에 빠지게 되자 영어 공부도 번역도 즐거워지고 풍부해지고 깊어졌다. 이 비법을 나누고 싶어서 번역가 지망생을 대상으로 하는 더 라인 아카데미 특강에서 내가 만든 단어 리스트를 소개했다. 리스트는 예상보다 큰 호응을 얻었고, 비단 번역가뿐 아니라 영어 공부를 하는 사람에게도 실질적인 도움이 될 것이라는 생각에 책을 쓰게 됐다.

이 책에는 번역하며 만난 영어 텍스트에 빈번하게 출현한 단어 중 다양한 의미와 흥미로운 역사를 지닌 단어 100개를 골라 실었다. 다짜고짜 단어를 외우려 들기보다는 재미있어 보이거나 궁금했던 단어를 골라 가볍게 읽어 보는 방식을 추천하고 싶다. 아침에 커피를 마시면서, 지하철에서 시간을 때

우면서, 자기 전에 짧은 글을 읽고 싶을 때 읽어 보면 어떨까? 그다음에는 하루에 한 단어를 정해서 다양한 뜻을 외워 보자. 단어의 의미를 제대로 소화했다면 예문의 주어와 동사를 바꿔 가면서 새로운 문장을 만들어 보면 좋겠다. 이렇게 눈으로 읽는 데 그치지 않고 단어의 의미를 활용하고 영작을 반복하다 보면 단어는 온전히 내 것이 되고 영어 공부에 번쩍 눈이 뜨이는 순간을 만나게 된다. 영어를 잘하는 비법은 가까운 곳에 있었던 것이다.

인공지능이 번역 시스템에 도입된 시대에 우리가 갖춰야 할 것은 단어를 폭넓게 이해하는 능력이 아닐까? 세계 각국의 사람과 수월하게 의사소통하기 위해 영어 단어에 담긴 여러 갈래의 뜻을 음미하며 원서를 읽고 섬세하게 사유하며 고른 단어를 적재적소에 배치하는 능력을 갖춘다면 불안의 시대를 살아가는 우리에게 힘이 될 것이다. 그런 점에서 이 책이 영어 공부를 위한 하나의 길잡이가 되길 바란다.

마지막으로 항상 옆에서 내 일을 응원해 주는 가족과 이 책이 나올 수 있도록 처음부터 끝까지 정성을 다해 준 유유 출판사에 감사하다는 말을 전한다.

다른 나라로 여행을 가면 공항에 도착해서 입국신고서를 작성해야 합니다. 이름, 여권번호, 체류 기간과 함께 반드시 작성해야 하는 accommodation 칸은 방문한 나라에서 지낼 숙소를 묻는 질문이지요. accommodation의 동사형이 accommodate입니다.

과거에는 주로 여행지의 호텔이나 모텔, 게스트하우스에 묵었지만 요즘은 공유경제sharing economy의 발달로 자신의 방이나 집을 타인과 공유하거나 대여해 주는 사람이 늘어났습니다. 숙소 선택의 범위가 넓어지면서 방문한 나라의 주거 문화를 체험하며 여행의 새로운 재미를 맛볼 수 있게 되었지요.

저도 몇 년 전 파리로 여행을 갔을 때 에어비앤비airbnb 사이트에서 고른 가정집에서 묵었습니다. 세계 어딜 가나 비슷비슷한 호텔과 달리 파리지앵 특유의 인테리어 감각이 돋보이는 집에서 만족스럽게 지냈어요. 외출하기 싫을 땐 거실 소파에 늘어져 넷플릭스로 한국에서 보지 못한 영화도 실컷 보고, 일주일에 두 번 서는 집 앞 직거래 장터에서 프랑스 농부들이 파는 갓 구운 빵과 과일을 사다 먹으면서요. 과잉생산, 과잉소비로 지구가 몸살을 앓고 있는 이 시대에 공유경제는 꽤 괜찮은 대안이라는 생각이 들었습니다.

accommodate는 주로 공간(숙박 장소)을 제공하다라는 의미로 쓰이지만 의견을 받아들이다, 적응하다, 화해시키다 라는 뜻도 있습니다. 각각의 의미를 적용한 문장을 살펴볼까요?

This hotel can accommodate up to 50 people. (그 호텔은 손님을 50명까지 받을 수 있다.)

Time will stretch to accommodate what we choose to put into it. (우리가 선택한 일을 처리하기 위해 시간이 늘어날 것이다.)

The two fighting parents had to accommodate each other before they could work together on the PTA board. (언쟁을 벌인 두 학부모는 사친회에서 협조할 수 있도록 먼저 서로의 의견을 받아들이고 조정해야 했다.)

accommodate의 주된 뜻인 공간을 제공하다에서 의견을 받아들이다, 중재하다까지 추상적인 의미가 확대되는 순서 대로 외워 두면 기억하기가 한결 쉽습니다.

동의하다라는 뜻으로 널리 알려진 단어 agree. 우리가 이 단어를 적극적으로 사용하기 시작한 곳은 아마도 학교가 아닐까요? 학급 회의를 하면서 친구들과 의견을 나누고 동의하거나 반대하면서 이견을 좁히고 해결책을 찾아 나갑니다. 이때 회의를 주재하는 회장은 "Do you agree with this proposal?"(이 제안에 동의하십니까?)라고 묻습니다. 대답은 "I agree."와 반대말인 "I disagree." 중에서 선택하면 되지요. agree에는 자주 활용되는 몇 가지 뜻이 더 있습니다. 그중 하나는 일, 음식, 기후가 성격이나 체질에 맞다라는 뜻입니다. 저는 이 표현을 뉴질랜드로 어학연수 갔을 때 처음 알게 된 후로 종종 사용했어요. 실제로 새우 알레르기가 있는데, 한번은 깜빡하고 아주 작은 새우를 먹었다가 5분 만에 온몸에 두드러기가 나서 응급실에 간 적이 있거든요. 예문을 한번 볼까요?

I love shrimp, but unfortunately they don't agree with me. (나는 새우를 좋아하지만 아쉽게도 내 체질에는 맞지 않아.)

The weather in England does not agree with me. It rains almost all the time. (영국 날씨는 나랑 잘 안 맞는군. 시도 때도 없이 비가 내려.)

agree with는 앞에서 살펴본 ~가 나와(내 몸에) 잘 맞다 외에도 ~과 ~이 같다, 일치하다라는 의미로 쓰입니다. 무의식적으로 same이라는 단어를 사용하기 쉽지만 agree with가 훨씬 자연스러운 표현입니다.

Your statement concerning the traffic accident does not agree with his. (교통사고에 대한 당신의 진술은 그 사람의 진술과 일치하지 않는군요.)

또 다른 표현인 "Let's agree to disagree."는 agree to differ와 같이 서로의 견해 차이를 인정해 주다라는 뜻입니다. 나와 생각이 다른 사람이 있다면 매사에 의견을 일치시키려고 애쓰기보다는 중요한 점은 합의를 보되 사소한 부분은 내버려 두는 것이 현명한 태도일지도 모르겠습니다.

일치하고 동의한다는 뜻의 agree, 나의 체질에 맞는다는 뜻의 agree. 같은 단어라도 뜻의 차이를 음미하다 보면 생각의 결이 조금씩 치밀해집니다. 무조건 동의하다라고 기계적으로 해석하지 말고 문맥에 맞춰 어떤 뜻이 적합할지 고민하다 보면 영어 실력도 늘게 됩니다.

고등학교 다니던 시절에는 자칭 문학소녀로 지냈습니다. 다른 친구들은 입시공부에 열중하면서도 저마다 색다른 개성을 뽐내는데, 별다른 소질이나 재주가 없었던 저는 궁여지책으로 외국 작가가 쓴 두꺼운 책을 들고 다녔던 거죠. 책은 주로 고전 목록에서 골랐는데 그중 어니스트 헤밍웨이의 『무기여 잘 있거라』도 있었습니다. 그때만 해도 허세가 하늘을 찌르던 시절이라 소설의 제목을 제멋대로 'Goodbye to weapon'이라고 영작해 놓고 혼자 뿌듯해했어요. 나중에 원제가 'A farewell to arms'인 걸 확인하고는 얼마나 창피했는지 몰라요. 작별이란 뜻의 farewell이라는 단어도 몰랐지만 arm에 무기라는 또 다른 뜻이 있다는 걸 알고 경악했던 기억이 지금도 생생합니다.

arm은 신체 부위 팔을 뜻합니다. 소매나 팔걸이, 안경다리도 모두 arm이라고 해요. 팔걸이라고 하니 안락의자armchair가 떠오르지 않나요? 안락의자는 팔걸이가 있는 푹신한 의자를 가리킵니다.

헤밍웨이의 소설 제목에서처럼 무기 혹은 무장하다라는 뜻으로도 쓰입니다. 군비 경쟁arms race도 여기서 나온 단어지요. 냉전 시대에는 미국과 소련 양국이 핵무기를 개발하기 위해 천문학적인 자금을 퍼부었습니다.

힘이나 권력, 영향력도 arm이라고 합니다. strong arm은
강압적이라는 뜻이지요.

Women and children are armed to the teeth to defend
their village. (여자들과 아이들은 마을을 지키기 위해 완전
무장을 했다.)

The workers are armed with knowledge to fix printers.
(직원들은 프린터 수리에 대한 지식으로 무장했다.)

Police used strong arm tactics to break up the protest.
(경찰은 시위대를 해산시키기 위해 강압적인 방법을 썼다.)

arrest는 체포, 체포하다라는 뜻입니다. 명사와 동사로 활용되는데 주로 수동태로 쓰이는 단어지요. 동일한 뜻의 apprehend, round up도 함께 외워 두면 좋습니다. 하나의 단어만 외우고 싶다면 arrest를 기억하세요.

arrest가 명사로 활용된 단어 house arrest(가택 연금)의 대표적인 인물은 미얀마의 정치가 아웅 산 수 치입니다. 군부 독재 정치에 반대해 도합 15년이라는 세월을 가택 연금 당했다가 풀려난 뒤 2012년 4월 하원의원에 당선됐습니다. 민주화 운동에 노력한 공로를 인정받아 1991년 노벨 평화상을 수상했지만, 미얀마 내 소수민족 로힝야족이 대대적인 탄압을 받았을 때 아무런 조취도 취하지 않았다는 이유로 국제 사회의 항의를 받기도 했어요. 이 사태를 보면서 역사적인 위인이나 영웅이라는 표현은 쉽게 쓸 수 없다는 생각이 들었습니다.

A friend of mine was arrested for treason. I was so shocked. (내 친구가 반역죄로 체포됐다. 나는 큰 충격을 받았다.)

The leader has been under house arrest for 15 years.

(그 지도자는 15년간 가택 연금을 당했다.)

arrest에는 정지, 막다, 병의 진행을 억제하다라는 뜻도 있습니다. a cardiac arrest(심장 정지)는 의학 드라마에 자주 나오는 표현이지요. 한국 드라마에서는 의사가 영어 표현을 그대로 쓰는 경우가 많으니 관심을 가지고 들어 보면 이 표현이 한 번쯤은 나올 겁니다. 심장이라고 하면 heart를 떠올리기 마련이지만 cardiac 역시 심장의라는 뜻입니다.

체포와 관련된 또 다른 표현으로 arrest warrant(구속영장)가 있습니다. 범인을 체포하려면 현행범이 아닌 이상 영장이 필요하지요. 체포된 후의 구금은 custody, 용의자는 suspect, 보석(금) 또는 보석으로 풀어주다라는 뜻의 단어는 bail입니다. 이러한 표현을 알아 두면 경찰 드라마나 영화를 볼 때 귀에 쏙쏙 들어옵니다.

[bæŋk] ❶은행 ❷모아 두는 곳 ❸둑 ❹줄줄이 늘어선 것

세계 최초의 은행bank은 4,000년 전 바빌로니아에 있던 신전 은행이라고 합니다. 신전이 은행이었다고 하니 참 안 어울리죠? 돈과는 전혀 상관없어 보이는 신성한 곳에서 최초의 은행 업무가 시작되었다니요. 요즘같이 돈을 숭배하는 세상에서는 은행이 신전이라고 해도 크게 과장한 말이 아닐 듯합니다.

고대의 신전 안마당에는 긴 탁자와 의자가 놓여 있었는데 그 위에 사람들이 담보로 가져온 물건을 올려놓고 거래를 했다고 합니다. bank는 탁자 또는 의자를 뜻하는 banco에서 유래한 단어지요. bench(벤치)와 bankrupt(파산) 역시 같은 어원에서 나왔습니다. 파산해서 더 이상 은행 거래를 할 수 없게 된 사람은 자신의 의자를 부수는 것으로 파산 상태를 선언했다고 합니다.

blood bank(혈액은행), eye bank(안구은행)라는 단어를 들어 보셨나요? bank는 돈과 귀중품뿐 아니라 뭔가를 모아 두는 곳이라는 의미로도 쓰입니다. 우리가 한 푼 두 푼 동전을 모으는 돼지 저금통은 piggy bank라고 하지요. 요즘은 지폐 저금통도 인기를 끌고 있습니다. 저도 하나 장만해서 써 봤는데 돼지 저금통보다 돈 모으는 재미가 쏠쏠했답니다. 예문을 볼까요?

A: Where are you going?

B: I'm going to bank to withdraw some money.

A: 어디 가?

B: 돈 찾으러 은행 가.

bank에는 둑이나 제방이라는 뜻도 있습니다. 문득 네덜란드 소년과 둑에 대한 이야기가 떠오릅니다. 한스 브링커라는 네덜란드 소년이 자신의 마을 둑에 구멍이 난 것을 보고 밤새 손가락으로 막아서 마을을 구했다고 해요. 실화는 아니고 네덜란드계 미국 작가인 메리 도지가 쓴 동화의 내용입니다. 이 소설이 전 세계적으로 인기를 끌면서 네덜란드에 한스의 동상까지 세워졌다고 하더군요. 이야기가 지닌 힘이 막강하죠? 이야기 속 소년이 운하와 둑의 나라 네덜란드의 상징이 되었으니 말입니다.

마지막으로 기계들이 길게 늘어선 모습을 묘사할 때도 bank를 씁니다. bank에는 은행, 은행에 돈을 넣어 두다, 은행과 거래하다라는 은행 관련 뜻 외에 둑, 제방, 둑처럼 쌓다라는 뜻도 있다는 걸 잊지 마세요.

Can you see the people standing on the river bank?
(강둑에 서 있는 사람들이 보이니?)

There is a bank of computers in the laboratory. (실험실에 컴퓨터들이 일렬로 놓여 있다.)

beg는 구걸하다라는 뜻으로 잘 알려진 단어입니다. 제가 어릴 때만 해도(그러니까 옛날하고도 아주 먼 옛날) 거리에서 걸인이나 정신질환자와 자주 마주쳤는데, 언제부터인가 그런 사람들이 자취를 감추기 시작했어요. 대신 가끔 지하철에서 자신의 슬픈 사연을 적은 종이를 승객들에게 돌리며 자선을 호소하는 사람들을 봅니다. 안타깝게도 구걸로는 최소한의 생활도 유지하기 힘들다고 해요. 특히 요즘은 사람들이 스마트폰을 보느라 그들에게 시선조차 주지 않기 때문이죠.

중세 유럽에는 극심한 빈부 격차 때문에 거리에 거지가 넘쳐났습니다. 실업자, 화재로 집을 잃은 사람, 파산한 수공업자, 해고된 하인, 늙고 병들거나 신체장애가 있는 사람, 날품팔이가 거지로 전락했다고 합니다. 거지의 수가 늘면서 단체나 조직을 결성해 다른 지역에서 온 거지에게 텃세를 부리는 경우도 생겼습니다. 거지 조직의 세력이 커지면서 빈번하게 말썽이 일자 시에서는 거지를 관리할 방안으로 '거지증서'를 발행했어요. 증서를 가진 거지만 구걸할 수 있도록 한 거죠. 거지증서라니 정말 중세다운 발상이 아닌가 싶습니다.

한편 중세의 거지는 자선을 하면 천국에 갈 수 있다는 속설 덕분에 부자에게 크게 박대를 받지 않았다고 합니다. 듣고 보면 그럴듯한 논리죠. 가진 자가 없는 자에게 자선하는 것은 당시 사회의 의무이기도 했고요. 엄격한 중세의 피라미드 신분제가 비교적 오랜 기간 지속된 바탕에는 이러한 관습이 있었습니다. 국가에서 복지를 제공하는 대신 부자가 종교를 통해 아주 약소하나마 자신의 부를 분배하게 만든 시스템이었죠. 현대인에게는 이러한 운명이 닥쳐도 뾰족한 수가 없다고 생각하면 살짝 오싹해집니다.

beg에는 부탁하다, 간청하다라는 뜻도 있습니다. 공손하게 부탁하거나 간청할 때 쓰는 표현이죠. 문제나 요점을 회피하다, 정면으로 맞서지 않다라는 의외의 뜻과 개가 앞발을 들다라는 재미난 뜻도 있습니다. 개에게 "Beg!"라고 하면 뒷발로 서라는 뜻이죠.

I begged him to take the job. (나는 그에게 그 일을 받아들이라고 간청했다.)

Your reply begs our question. Please, answer specifically. (당신의 답변은 우리의 질문을 회피하고 있습니다. 구체적으로 답변해 주세요.)

betray 하면 가장 먼저 떠오르는 뜻은 <u>배신하다</u>입니다. 서양 문화에서 배신의 상징은 은화 30전에 예수를 팔아넘긴 가룻 유다죠. 실제로 유다judas라는 단어에는 배반자traitor라는 뜻이 있습니다.

한국 역사에서 배신의 상징이라고 하면 일제 강점기 시절 일본 정부에 독립군을 밀고한 밀정들을 떠올리지 않을 수 없습니다. 프랑스에도 배신자들이 존재했어요. 제2차 세계대전 당시 나치가 남부 프랑스를 점령하고 괴뢰 정권인 비시 정부를 수립했을 때, 레지스탕스 조직을 독일군에 팔아넘긴 자들이죠. 배신도 인간의 본성 중 하나일까요? 역사 속에 드러난 배신의 사례를 생각해 보면 흥미로운 점이 많습니다.

He betrayed his country and fled to save his life.
(그는 조국을 배신하고 목숨을 부지하기 위해 도망쳤다.)

I was so disappointed with him. He
betrayed my trust repeatedly.
(나는 그에게 크게 실망했다.
그는 내 신뢰를 거듭 저버렸다.)

He betrayed himself by
stealing money from his master.

(주인의 돈을 훔친 데에서 그의 본성이 드러났다.)

Her voice betrayed the feelings she felt for him. (그녀의
목소리에서 그에 대한 애정이 드러났다.)

예문을 통해 알 수 있듯이 betray는 배신과 비슷한 의미인
신뢰나 약속을 저버리다, 무심코 드러내다라는 의미로도 쓰
입니다. 정보나 감정을 무심코 드러내는 것도 감추고자 하는
자신의 본심을 배신하는 셈이니 betray와 잘 어울리지요.

bite는 물다라는 뜻으로 잘 알려져 있습니다. 흔히 아이를 예뻐할 때 물고 빨고 한다고 표현하는 걸 보면 물다라는 단어에는 본능적인 감정이 들어 있는 것 같아요.

오래전에 너무 못생겼다는 이유로 여러 번 버림받은 강아지를 딸이 집으로 데리고 온 적이 있습니다. 마음의 상처가 심한 강아지여서 그런지 저와 아이를 자주 물곤 했는데, 어느 날 제가 아주 심하게 물렸습니다. 결국 계속 함께하지 못하고 다른 곳으로 보내고 말았죠. 다친 손보다는 그 아이를 떠나보내는 일이 더 마음 아프더군요.

이처럼 bite는 물다, 깨물다라는 뜻으로 쓰이는가 하면 물린 자국을 가리키기도 합니다. 그래서 개에게 물린 상처는 dog bite, 모기에 물린 자국은 mosquito bite라고 해요.

음식 한 입, 요기하다라는 뜻의 bite는 생활 영어에서 자주 활용되는 표현입니다. bite와 관련된 중요한 숙어 bite the dust(헛물을 켜다), bite the bullet(이를 악물고 하다)도 암기해 두면 좋아요.

물고기가 미끼를 물다, 엉터리 제안에 속아 넘어가다라는 의미도 있습니다. 물고기가 미끼를 덥석 물듯이 사람도 사기꾼의 덫에 걸리기도 합니다.

추위가 살을 에다, 매운맛이 입안을 톡 쏘다라는 재미있는 뜻도 있답니다. 살을 깨무는 추위와 혀를 깨무는 것 같은 매운맛을 bite라고 표현한 것이지요.

I was bitten by a family dog. (나는 집에서 기르던 개에게 물렸다.)

When we got outside, the cold bit us severely. (밖으로 나가자 무시무시한 추위가 살을 에는 듯했다.)

I'm starving. Let's grab a bite. (배가 고파 죽을 것 같아. 뭐 좀 간단히 먹자.)

[blæk] ❶ 더러워진 ❷ 그로테스크하다 ❸ 사악하다 ❹ 보이콧을 하다
❺ 고도의 군사 기밀

영어 공부에 관심이 없는 사람에게도 검은색이라는 의미의 black은 친숙한 단어일 겁니다. black에는 생각보다 중요한 뜻이 많습니다. 우선 손이나 옷이 더러워졌을 때도 black이라고 표현합니다. 보이콧을 하다, 고도의 군사 기밀이라는 뜻도 있습니다. 검은색이 자아내는 분위기 때문일까요? 그로테스크하다라는 의미로도 쓰입니다. black comedy(블랙 코미디), black humor(블랙 유머)도 여기서 나온 단어지요. 판타지 소설이나 게임에 자주 등장하는 black magic(흑마법)의 black은 사악하다, 부정하다라는 뜻으로 쓰였습니다. 영화 『반지의 제왕』에서 사우론이 부리는 마법이 흑마법이죠.

오래전부터 서양에서는 검은색을 죽음이나 슬픔을 상징하는 색으로 여겨 왔습니다. 기원전 323년 알렉산드로스 대왕이 세상을 떠났을 때, 사람들은 검은색 상복을 입고 장례를 치렀다고 하더군요.

영국의 변호사들이 법정에 설 때 검은색 옷을 입는 것에도 검정의 상징과 관련된 일화가 있습니다. 1694년 영국의 왕 윌리엄 3세는 아내인 메리 왕비가 죽자 비탄에 젖어 영국의 모든 변호사는 애도의 뜻으로 검은색 법복을 입으라는 명령

을 내렸다고 합니다. 윌리엄 3세는 이 명령을 거두어들이지 않은 채 죽었고, 수백 년이 넘는 세월 동안 영국 변호사들은 메리 왕비를 위한 검은색 상복을 입고 법정으로 갔습니다. 상복으로 검은색 옷을 입는 문화권이 많지만 한국에서는 전통적으로 누런 삼베옷을 입고 장례를 치렀습니다. 그러다가 일제 강점기인 1934년 의례준칙이 발표되면서 상장喪章으로 검정 리본을 달았고, 이후 서서히 검은색 옷이 상복으로 자리 잡았습니다.

My hands got black after working in the garden for an hour. (정원에서 한 시간 일했더니 손이 더러워졌다.)

The citizen union has blacked all products from that company. (시민 연합은 그 회사의 모든 생산품을 보이콧했다.)

파란색blue은 야행성 곤충이 좋아하는 색이라고 합니다. 모기는 파란 모기장을 보면 들어가려고 안간힘을 쓰기 때문에 노란색 모기장을 사용하라고도 하죠. 실제로 조선 시대에는 왕의 침전에 노란색 명주실로 만든 모기장을 설치했다고 해요. 모기가 노란색을 싫어한다는 사실을 어떻게 알고 만들었는지 궁금합니다.

한편 모기와 달리 독사는 파란색을 싫어합니다. 리바이스의 창업자 리바이 스트라우스가 1853년 샌프란시스코에서 최초로 청바지를 제작할 때, 옷감을 데님으로 바꾸고 파란색으로 물들인 이유죠. 청바지에 표시된 인디고 컬러는 인도 원산의 콩과 식물에서 추출한 색으로 독사의 접근을 막아 준다고 합니다.

고대 서양에는 색과 관련된 속설이 하나 떠돌아 다녔습니다. 사람들은 악마가 아이가 있는 방에 돌아다니며, 아기를 해코지해 그 가족을 불행하게 만든다고 믿었습니다. 그래서 색깔로 악마를 내쫓고 아기를 지키는 방법을 생각해 냈지요. 집 안의 기둥인 남자아이에게는 선한 힘을 상징하는 하늘의 색 파란색 옷을 입혔는데, 여자아이는 괴롭힘을 당하지 않을 것이라고 여겨 아무 색깔이나 입히다가 나중에 파란색과 대비

되는 분홍색 옷을 입혔다고 합니다. 남아선호사상이 강력하게 뿌리내린 시대였지요. 요즘은 색으로 성별을 구분하지 않고 키우는 추세입니다.

추위로 새파랗게 질렸을 때도 blue라고 표현합니다. 예문을 보면 우리말과 비슷하게 쓰인다는 것을 알 수 있어요.

My daughter's hands were blue after making a snowman for hours. (몇 시간 동안 눈사람을 만드느라 딸의 손이 새파래졌다.)

blue는 우울하다라는 뜻으로도 쓰입니다. 증세를 나타내는 우울증은 the blues라고 하지요. 같은 뜻으로 depression이라는 단어도 많이 씁니다. blues는 19세기 말 미국의 흑인들이 만든 음악의 한 장르인 블루스를 가리키기도 하죠.

영화, 이야기, 농담이 외설적이라는 의외의 뜻도 있습니다. 야한 영화를 a blue movie라고 부르지요. 한국 정서로 생각하면 야한 영화는 red movie라고 할 것 같은데 영어로는 blue movie라니 반전이라면 반전이죠. 도색 잡지는 blue magazine이라고 합니다.

귀족의, 고귀한이라는 뜻도 있습니다. blue blood는 귀족 혈통, 명문 출신을 뜻하지요.

고대에는 파피루스나 소, 양, 새끼 염소의 가죽을 무두질해서 만든 양피지에 글과 그림을 기록한 뒤 두루마리 형태로 보관했습니다. 기술이 발전하면서 두루마리는 코덱스 형태로 대체되었는데, 이는 오늘날의 책book 과 비슷하게 낱장을 묶어서 만든 제본 방식이지요.

고대 로마 시대에는 노예들에게 원본을 베껴 쓰는 훈련을 시켜 책을 만들었습니다. 훈련받은 노예들은 독립해서 출판사를 차리기도 했지요. 이를 시작으로 서서히 저자와 편집자, 서적 판매상, 출판사 등으로 출판업계가 분화되었습니다.

당시 시인들은 광장이나 온천, 극장에서 자신의 작품을 구두로 먼저 발표하고 그 내용을 두루마리 서첩으로 제작했다고 합니다. 시인의 얼굴 표정, 음성, 억양, 발표 방식 등이 책의 성공을 좌우했지요.

오랜 역사를 지닌 book은 책, 장부, 예약하다라는 뜻으로 자주 사용됩니다. 대문자 the Book이라고 표기하면 성경을 가리키지요. 유명인사의 스캔들 기사나 경찰 드라마, 액션 영화에서는 피의자를 경찰 기록부에 기재하다, 고발하다라는 의미로 쓰입니다.

A: I'd like to book a flight for Paris tonight. I want to surprise my parents there.

B: I'm sorry. We're fully booked.

A: 오늘 밤에 출발하는 파리 행 비행기를 예약하고 싶어요. 그곳에 계신 부모님을 놀라게 해 드리고 싶거든요.

B: 죄송합니다. 표가 매진됐습니다.

The singer was booked for stealing some bags in the departments store. (그 가수는 백화점에서 가방을 훔친 혐의로 고발됐다.)

책은 파피루스와 양피지를 거쳐 인쇄술이 발명되고 발전하면서 빠르게 전파됐습니다. 종이책으로 인류의 역사가 바뀌어 나갔고 현재는 전자책 형태로도 우리 곁에 존재합니다. 앞으로는 또 어떤 형태로 진화할까요? 책의 진화를 상상하면서 다양한 의미도 함께 기억해 두세요.

기원전 1100년 무렵 아시리아인은 바닥을 금속으로 만든 장딴지까지 올라오는 전투용 신발 부츠boot를 신었습니다. 그리스인과 로마인 역시 원정을 떠날 때 부츠를 신었는데, 겨울에는 모피를 안감으로 대고 동물의 발이나 꼬리로 장식했다고 합니다. 과거 서양에서는 발을 죄는 형틀도 boot라고 불렀습니다.

boot에 s를 붙이면 부츠, 장화라는 뜻입니다. 저는 부츠라는 단어를 들으면 영국에서 자주 본 웰링턴 부츠wellington boots가 떠올라요. 무릎 위까지 올라오는 고무장화인 웰링턴 부츠는 비가 자주 내리고 도로를 조금만 벗어나도 진창을 밟기 일쑤인 영국 생활의 필수품이었죠. 영국에서는 고무장화를 welly, 미국에서는 rubber라고 부르기도 합니다. 영국에서는 자동차 트렁크도 boot라고 합니다. 미국식 영어로는 trunk인데 둘 다 알아 두세요.

boot에는 발로 차다라는 뜻도 있습니다. 여기에서 해고하다라는 의미가 파생됐죠. 발로 뻥 차 버리다니 어떤 식으로 해석해 봐도 해고는 참 우울한 단어입니다.

Would you put the luggage in the boot? I have my hands

full. (트렁크에 짐 좀 넣어 주겠어? 내가 지금 바빠서 말이야.)

My husband got booted out of the company for crazy reasons. (남편이 황당한 이유로 해고당했어.)

우리가 매일 하는 행동 중 하나도 boot입니다. 뭘까요? 알아 맞힌 분은 영어 실력이 상당한 겁니다. 정답은 <u>부팅하다</u>입니 다. 컴퓨터의 기억장치로, 흔히 컴퓨터를 시동할 때 부팅booting한다고 하죠. boot에서 나온 말입니다.

사다라는 뜻의 buy는 현대인의 생활에서 떼어 놓을 수 없는 단어가 됐습니다. 데카르트의 명제 "나는 생각한다. 고로 나는 존재한다"를 현대적으로 고치면 "나는 소비한다. 고로 나는 존재한다"라고 할 수 있을 것 같아요.

이렇게 소비자로서 존재하던 현대인이 점점 깊어지는 불황에 대처하기 위해 가성비를 따지기 시작합니다. 한국에서는 2016년부터 자신이 들인 돈의 가치를 최대한 뽑아내는 가성비(가격 대비 성능의 비율, cost effectiveness) 열풍이 불었습니다. 이러한 현상에는 가격과 성능을 꼼꼼히 따져 보는 소비 방식이라는 긍정적인 면도 존재합니다.

buy에는 사람을 돈으로 매수하다라는 뜻도 있습니다. 한때 유행했던 드라마 대사가 떠오릅니다. 남자 주인공이 여자 주인공의 마음을 얻기 위해 "얼마면 돼? 얼마면 되겠어?"라고 외치는 전설의 대사죠. 사실 같지 않은 것을 믿다, 받아들이다도 자주 쓰이는 뜻입니다. 잘 산 물건이라는 의미는 회화에서 주로 사용합니다. 기억해 두었다가 실전에서 써 보세요.

His mother bought the jury to win the case. (그의 어머니는 재판에서 이기기 위해 배심원을 매수했다.)

I don't buy your story. It sounds like a bullshit. (나는
네 이야기 안 믿어. 다 헛소리 같아.)

The second-hand couch was a really great buy. (그 중고
소파는 정말 잘 산 물건이야.)

바야흐로 반려 동물의 세계에서
개의 시대는 저물고 고양이cat의
시대가 온 걸까요? SNS에는 쉴
새 없이 귀여운 새끼 고양이 동영
상이 올라오고, 텔레비전을 틀면 뇌
쇄적인 눈빛을 뿜내는 고양이가 인간 집사를 거느리고 리얼
리티 쇼에 출연합니다. 산책과 목욕을 자주 시켜줘야 하고
목청이 큰 개와 달리, 독립적이고 도도하면서 조용한 고양
이가 외로운 현대인의 마음을 사로잡고 있지요. 저도 고양이
주인님을 모시는 집사랍니다.

진정한 고양이 사랑의 원조는 이집트인이었습니다. 기원전
3000년경 이집트에서는 숭배의 대상인 고양이를 해치거나
죽이면 법을 어긴 것으로 간주돼 처벌을 받았습니다. 집에서
기르는 고양이가 죽으면 썩지 않게 처리한 시체를 고급 리넨
천으로 감싸 청동이나 목제 관에 안치했다고 하니 가히 고양
이의 황금시대가 아니었나 싶어요. 예언자 무함마드 역시 고
양이를 몹시 귀여워해서 지금도 이슬람 문화권에서는 고양
이를 귀하게 여깁니다. 대표적인 나라가 터키죠.

서양에서는 높은 곳에서 떨어져도 잘 다치지 않는 고양이를
보고 고양이의 목숨은 여러 개라고 믿었다고 해요. '고양이의
목숨은 아홉 개'라는 말은 여기서 비롯되었나 봅니다.

매혹적인 이야기의 주인공인 cat은 고양이 같은 사람이나 여

자 꽁무니를 쫓아다니는 사람을 가리키기도 합니다.

살금살금 걷다라는 뜻도 있지요. 고양이가 걷는 모습을 눈여겨본다면 왜 이런 뜻이 생겼는지 알 수 있답니다.

중세 유럽에서는 마녀사냥이 자행되면서 가난한 할머니는 마녀로, 할머니가 먹이를 주는 검은 고양이는 공범으로 몰리면서 화형에 처해졌습니다. 특히 프랑스에서는 매달 고양이 수천 마리가 불에 타 죽었다고 합니다.

마녀사냥까지는 아니지만 한국에서도 고양이 학대 사례가 심심찮게 보도됩니다. 고양이도 더불어 살아가는 생명이라는 의식이 널리 퍼지길 바랍니다.

I adopted a kitten a few years ago and she became my part of life ever since. (나는 몇 년 전에 새끼 고양이를 한 마리 입양했는데, 그 후로 고양이는 내 인생의 일부가 되었다.)

하루 대부분의 시간을 의자chair에 앉아서 일하거나 공부하
거나 휴식하면서 보내는 현대인을 의자형 인간 '호모 체어쿠
스'라고 명명한 재치 있는 광고를 보고
공감한 적이 있습니다. '의자가 인생
을 바꾼다'라는 광고의 마지막 문
장은 좋은 의자를 써야 척추 건강
에 좋다는 의미이지만 chair라는
영어 단어의 뜻을 곰곰이 생각해 보
면 그야말로 의미심장한 말이기도 합
니다. 왜 그런지 한번 살펴볼까요?

chair에는 의자라는 뜻 외에도 주교, 시장, 지사, 대통령의
직위라는 뜻이 있습니다. 또한 chairman의 준말로 의장, 학
과장, 관리자라는 뜻으로도 쓰이지요. 의자가 곧 권력을 상
징하는 자리이기도 한 셈입니다. 예로부터 권력자가 앉는 의
자는 다른 의자보다 더 웅장하고 호화롭게 디자인했고 가장
높은 곳에 자리했습니다. 권력자와 그 아래에 있는 사람들을
차별화하는 가시적인 수단이었죠. chair는 법정의 증인석이
라는 의미도 있습니다.

chair 앞에 the를 붙이면 의미가 두 가지로 나뉩니다. 숙어
take the chair는 의장직을 맡다, go to the chair는 사형
에 처하다, 즉 전기의자를 가리킵니다. 지금은 사형을 집행
할 때 사형수의 몸에 약물을 주입하는 경우가 많지만 과거에

는 교수형이나 총살형 또는 선기의자에 앉혀 감전사시켰습니다. 하지만 잔인한 방법이라고 논란이 되면서 폐지되었다고 해요.

역사를 살펴보면 권력의 정점에 올랐다가 한순간 나락으로 떨어져 처형된 이가 많습니다. chair의 다양한 의미를 되새기며 나는 어떤 의자에 앉고 싶은지 생각해 보는 건 어떨까요?

He wants to take the chair in our meeting. (그는 우리 회의의 의장이 되고 싶어 한다.)

He will take the chair for that famous trial. (그는 그 유명한 재판에서 증언할 것이다.)

He is going to go to the chair for killing 10 people brutally. (그는 10명의 사람을 잔인하게 살해한 혐의로 사형될 것이다.)

China 하면 요즘 무섭게 경제력을 확대하며 전 세계에 영향력을 미치는 중화인민공화국, 즉 중국을 떠올리게 됩니다. 소문자 c로 시작하는 china는 도자기라는 뜻입니다.

도자기는 점토를 빚어서 구워 낸 공예품을 지칭하는 말로 도기나 자기, 토기를 가리킵니다. 역사적으로 세계 무대에서 도자기 기술을 선도해 온 나라는 중국이었습니다. 이 때문에 중국을 가리키는 단어 China의 대문자 C를 소문자로 표기해 china(도자기)라고 부르게 되었지요.

도자기의 역사를 간단히 살펴볼까요? 중국 명나라 자기가 네덜란드의 동인도 회사를 통해 유럽 각국으로 전해지자 왕족과 귀족이 궁전을 장식하기 위해 경쟁적으로 사들였습니다. 17세기로 접어들면서 50여 년 동안 유럽으로 수출된 도자기 수가 무려 삼백만 점이 넘었다고 해요. 그러나 명나라와 청나라의 왕조 교체 시기에 도자기 수급이 어려워진 동인도 회사는 대체품을 찾던 중 도요토미 히데요시가 조선 침략 당시 일본으로 끌고 온 조선인 도공 이삼평이 만든 자기에 주목했습니다. 이 자기는 1653년부터 이마리 항구를 통해 수출됐는데, 항구 이름에서 유래한 '이마리'가 그대로 상품명으로 정착했다고 합니다.

도자기는 부피가 크고 무겁기도 하거니와 깨질 위험 때문에 육로보다는 해로를 통해 운송되었습니다. 배에 실어 버리면 목적지에 이를 때까지 짐을 내릴 필요가 없으니 편리했겠지요.

china와 관련된 영어 표현 a bull in a china shop은 거칠게 혹은 세련되지 못하게 구는 사람을 가리키는 말입니다. 고삐 풀린 망아지, 큰 사고를 칠 것 같은 사람이라는 뜻도 있습니다. 항상 허둥대고 가게에 들어가면 진열된 물건을 팔꿈치로 쳐서 떨어뜨리거나 실수를 연발하는 사람 있잖아요. 직역하면 도자기 가게 안의 황소라는 의미인데, 어떤 모습일지 한번 상상해 보세요.

> I got out the best china for my guests tonight. (나는 오늘 밤 손님들을 위해 가장 좋은 자기를 준비했다.)

한국에서는 클럽club이라고 하면 흔히 두 가지 의미를 떠올립니다. 학교에서 연극, 무용, 요리 등 특정한 활동을 하는 클럽(동호회)과 춤추고 음악을 듣는 클럽이지요. 영국에서는 go clubbing이라는 표현을 많이 씁니다. 이른바 물 좋은 곳을 찾아 다양한 클럽을 순회한다는 뜻입니다. 한국에서 회식할 때 1차로 시작해 3차까지 가는 것처럼요.

club은 프로 스포츠 구단을 가리키기도 합니다. 유명한 축구 구단으로는 맨체스터 유나이티드 구단Manchester United Football Club이 있죠.

영국의 남성 사교 단체로 시작한 gentlemen's club은 회원제 클럽으로 18세기 영국의 상류층 남성이 세웠습니다. 당시 커피 하우스가 하던 역할을 일정 부분 떠맡았고, 회원끼리 친교를 나누며 도박도 했던 것으로 알려져 있지요.

쥘 베른은 소설 『80일간의 세계 일주』에서 당시의 클럽을 생생하게 묘사했습니다. 저는 그중에서도 주인공인 영국 신사 필리어스 포그가 구출한 인도의 미망인이 클럽에 들어왔을 때 영국 신사들이 경악하는 장면이 떠오릅니다. 그 클럽은 여성 출입 금지라는 규칙이 엄격하게 지켜지던 곳이었거든요.

club에는 모임, 동호회, 사교 단체 외에 무기로 쓰는 두툼한

막대기라는 뜻이 있습니다. 1200년대의 스칸디나비아 단어인 cudgel에서 출발한 뜻으로 15세기 중반에 게임에 쓰는 방망이라는 의미로 정착했습니다. 그래서 club에는 <u>곤봉</u>, <u>곤봉으로 때리다</u>라는 의미도 있습니다. 골프채를 뜻하는 golf club도 막대기라는 뜻에서 나왔죠. join the club은 <u>너도 나랑 같은 신세</u>라는 재미있는 뜻이에요. 자주 쓰이는 표현이니 외워 두면 유용합니다.

The gang clubbed a man to death for only 100 dollars.
(그 갱단은 고작 100달러 때문에 한 남자를 때려죽였다.)

So you didn't get the money you lent to him? Join the club. (너도 그 자식에게 빌려준 돈 못 받았어? 나도 그랬는데.)

영화 『코치 카터』는 고등학교 시절 스타 농구선수로 활약했던 켄 카터가 중년이 되어 모교의 농구팀 코치를 맡으면서 벌어지는 이야기입니다. 그는 가난하고 불우한 환경에서 엇나가는 선수들을 혹독하게 훈련시키며 선수로도, 인간적으로도 성장하도록 이끕니다. 영화에서 가장 인상 깊었던 점은 코치 카터가 대학도 못 가고 인생에서 실패할 아이들이라는 통념과 편견을 부정하며 바꾸어 나가는 부분이었어요. 실화를 바탕으로 한 영화여서 감동이 더욱 컸지요. 모쪼록 우리 사회에도 만연한 잘못된 통념이 바뀌는 사례가 많아지면 좋겠습니다.

영화 제목의 coach는 스포츠팀의 코치를 말합니다. 선수를 가르치다, 교사가 학생을 지도하다, 경기에서 코치로 일하다 라는 뜻으로도 쓰입니다.

사람뿐 아니라 교통수단인 여객기의 일반석, 기차의 객차, 장거리용 대형 버스를 가리키기도 합니다. 버스라고 하면 bus만 떠올리기 십상이지만 영어권 지역에서 일상적으로 사용하는 표현이니 함께 기억해 두세요.

I coached a student for an examination during summer holiday for making extra money.

(나는 여름방학에 가욋돈을 벌기 위해 학생 수험 지도를 했다.)

They went to New York on a coach tour. (그들은 장거리
버스를 타고 뉴욕으로 여행을 갔다.)

Is your ticket first class or coach? (네 승차권은
일등석이니, 일반석이니?)

[kout] ❶코트 ❷칠, 도금 ❸가죽, 껍질 ❹덮다

사계절이 뚜렷한 한국에서는 거리에 나온 사람들의 옷차림을 보며 계절의 변화를 실감하게 됩니다. 저는 코트coat를 실컷 입을 수 있는 겨울이 좋습니다. 겨울에는 따뜻하게 입는 것이 최고지만 격식을 차리거나 멋을 부릴 때는 우아한 코트만한 옷이 없죠.

코트 중에서도 1730년대부터 승마복으로 인기를 끌었던 프록코트frock coat는 귀족이 일상에서도 즐겨 입으면서 권위와 격식, 예의를 상징하는 필수품이 됐습니다. 남성용 코트의 원형이라고 할 수 있는 프록코트에서 체스터필드코트가 나왔어요. 검은 벨벳 천으로 장식한 칼라 윗부분이 특징인 코트죠. 프랑스 혁명 당시 목숨을 잃은 사람들을 애도하는 뜻에서 이 천을 달기 시작했다고 합니다. 우리가 세월호 희생자들을 잊지 않기 위해 노란 리본을 다는 것과 같은 의미죠.

봄가을은 트렌치코트의 계절입니다. 제1차 세계대전 당시 참호에서 생활하던 영국 군인을 비바람과 추위로부터 지켜 주기 위해 제작한 것이 트렌치코트의 시초라고 합니다. 군용 방수 외투로 입던 트렌치코트가 전쟁이 끝난 후 패션 아이템으로 자리 잡은 것이지요.

coat에는 동물의 털가죽, 식물의 껍질, (표면을 덮는) 페인

트나 니스 칠·도금이라는 뜻도 있습니다. 한국에서는 흔히 코팅coating한다고 말하지요.

마지막으로 ~을 끈끈한 액체나 물질로 덮다라는 의미에서 발전한 sugar coat는 사탕발림을 하다라는 부정적인 뜻으로 많이 쓰입니다.

There was a dog with a shaggy coat on the street. (거리에 털이 텁수룩한 개가 있었다.)

You should give the walls a second coat of paint. (벽에 페인트를 한 번 더 칠해야겠다.)

I don't want to sugar coat our past. (나는 우리의 과거를 미화하고 싶지 않아.)

한때 전 세계 독신 여성의 마음을 사로잡았던 미국 드라마 『섹스 앤 더 시티』의 주인공인 캐리의 직업은 섹스 칼럼니스트였습니다. 인기 칼럼니스트의 원고료가 어마어마하게 높다는 설정 덕분에 글을 쓰는 삶도 화려할 수 있다는 환상을 심어 주었죠. 하지만 드라마는 어디까지나 드라마일 뿐입니다. 칼럼column은 시사, 풍속, 사회에 관하여 신문이나 잡지에 짧게 평한 글입니다. 과거에는 칼럼을 기고할 수 있는 곳이 신문과 잡지로 비교적 제한돼 있었지만 요즘은 인터넷 매체의 증가로 다양한 채널을 통해 유익하고 훌륭한 칼럼을 접할 수 있습니다. 글을 잘 쓰는 방법 중 한 가지로 사설을 요약하는 연습을 꾸준히 해 보는 것도 좋지요.

석조 건물의 기둥, 기둥 모양의 기념비도 column이라고 합니다. 물리적인 기둥만이 아니라 불, 연기, 물의 기둥도 가리킵니다.

The marble columns of that mansion looks magnificent.
(그 저택의 대리석 기둥이 웅장하다.)

I saw a bright column of moonlight through the curtain.
(나는 커튼 사이로 한 줄기 밝은 달빛을 보았다.)

column에는 중대縱隊라는 뜻도 있습니다. 스페인 내란(1936년 7월~1939년 3월) 당시 파시스트 혁명 장군 에밀리오 몰라는 마드리드에서 파시스트 군에 동조하는 자신의 지지자를 제5열 fifth column이라고 불렀다고 합니다. 실제로 그런 세력은 없었고 장군이 허풍을 친 것으로 드러났지만요. 제5열이라는 말은 『뉴욕 타임스』 기자 윌리엄 카니가 내부의 적, 스파이라는 뜻으로 처음 기사에 언급하였고, 1938년 어니스트 헤밍웨이가 소설 『제5열』을 발표하면서 유명해졌습니다.

칼럼, 기둥, 종대라는 뜻과 함께 흥미로운 사연이 깃든 fifth column이라는 표현도 알아 두세요.

인류 최초의 빗comb은 커다란 생선의 등뼈를 말린 것으로 추정됩니다. 지금도 아프리카 오지의 원주민은 이런 빗을 사용한다고 해요. 인간이 만든 가장 오래된 빗은 6,000년 전의 것으로 이집트의 묘지에서 발굴되었습니다. 그 시대에도 머리카락을 빗는 빗과 특정한 머리 형태를 유지하는 빗을 구분해서 사용했다고 합니다.

고고학자들은 모든 고대 문명이 독자적으로 빗을 개발했는데 유독 영국의 유적에서는 빗이 발견되지 않았다고 말합니다. 제가 영국에서 본 그들의 헤어스타일을 떠올리면 상당히 공감이 가는 말입니다.

초기 기독교 시대에는 머리를 빗는 일이 종교적인 의식의 일부였습니다. 심지어 머리를 올바르게 빗는 방법도 존재했다는군요. 1600년대 유럽에서는 납으로 만든 빗으로 머리를 자주 빗으면 백발이 다시 원래의 머리색으로 돌아간다고 믿었습니다.

comb은 빗, 빗 모양의 기구, 빗질을 뜻하고 빗살은 the teeth of a comb이라고 합니다. 함께 알아 두면 쉽게 암기할 수 있겠죠. (경찰이 어떤 장소를) 구석구석 뒤지다, 샅샅이 찾아보다라는 뜻은 스릴러 소설에서 자주 사용됩니다. 일상생활에서도 ~을 찾다라는 표현을 쓸 때 look for 대신 comb이라는 단어를 활용해 보세요.

Your hair needs a good comb. You look like a drunk lion.
(너 머리 좀 빗어야겠다. 술 취한 사자 같아 보여.)

I combed through the records for the horrible crime.
(나는 그 끔찍한 범죄에 대한 기록을 샅샅이 찾아봤다.)

I combed the room looking for a car key. (나는 차 열쇠를
찾으려고 방을 구석구석 뒤졌다.)

어렸을 때 어른들이 커서 뭐가 되고 싶으냐는 질문을 하면 아이들은 대통령, 우주비행사, 화가 등 다양한 대답을 외치곤 했습니다. 하지만 그런 아이들도 성인이 되면 대기업 취직을 사회가 공식적으로 인정한 탄탄한 인생 경로로 여기게 됩니다. 4차 산업혁명의 회오리가 불어닥친다는 요즘은 아이들의 꿈이 공무원이라는 뉴스가 자주 나오더군요. 회사company가 곧 평생 직장을 의미하던 시절이 이제는 공룡이 초원을 누비던 시절만큼 아득합니다.

함께 일하거나 공연하는 단체나 극단도 company라고 합니다. 영국의 대표적인 극단은 로열셰익스피어극단the Royal Shakespeare Company이죠. 무용단은 dance company라고 합니다.

company는 ~와 동석하다, 동행하다라는 뜻으로도 자주 쓰입니다. 손님이라는 의미로 쓸 때는 격식을 갖춘 표현으로 관사를 붙이지 않고 씁니다.

A: May I visit your house tomorrow?
B: I'm afraid to say this but I'll have company tomorrow.
A: 내일 너의 집에 가도 될까?

B: 미안하지만 내일은 손님이 와.

company는 미국의 중앙정보국인 <u>CIA</u>를 일컫는 단어이기도 합니다. CIA는 본부가 버지니아 주 랭글리에 있기 때문에 Langley라고도 불리지요.

아주 단순해 보이는 단어에도 여러 가지 의미가 들어 있지요? 혹시 첩보 영화를 보다가 company가 들리면 떠올려 주세요. '아, CIA?' 이렇게요.

court 하면 테니스 코트나 배드민턴 코트 같은 운동 경기장이 떠오르지요? 세계에서 가장 유명한 테니스 코트는 윔블던입니다. 런던 근교의 워플로드에 있는 곳으로 매년 6월에 테니스 대회가 열리지요. 1868년 윔블던을 중심으로 세계 최초의 테니스 클럽이 조직됐다고 합니다. 영국은 테니스 외에도 경마, 골프, 보트, 스쿼시, 하키, 럭비 등 대부분의 근대 스포츠 경기 규칙과 방법을 제정해서 제국 네트워크를 통해 전 세계로 확산시켰습니다.

경기장 말고도 우리가 잘 아는, 자주 가는 court는 바로 푸드코트food court입니다. 여기서 court는 유리 지붕으로 덮여 있는 건물 내부의 탁 트인 공간을 가리키지요. 저는 먹는 재미가 곧 사는 재미라고 생각하기 때문에 쇼핑센터의 푸드코트에 갈 때가 가장 즐겁습니다.

court에는 법정, 법원이라는 근엄한 뜻도 있습니다. 민사 법정은 the civil courts, 형사 법정은 the criminal courts라고 합니다.

역사 드라마나 영화를 보면 화려한 궁전이 나오지요? 궁전이나 궁궐도 court라고 합니다. 동사로는 구애하다, 유혹하다, 위험을 자초하다라는 뜻으로 쓰입니다. 명사 의미와 연결해서 외우면 쉽습니다. 위험을 자초해서 법원에 가고, 궁전에서 구애를 한다는 식으로 말입니다.

He'll appear in court tomorrow as a witness. (내일 그는 법정에 증인으로 출두할 것이다.)

You have to greet formally at court. (궁정에서는 예의를 갖춰 인사해야 한다.)

She has often courted controversy for speaking carelessly in public. (그녀는 공개적으로 경솔한 발언을 해서 자주 논란을 초래했다.)

He has been courting her for several months. (그는 그녀의 마음을 얻으려고 몇 달 동안 노력했다.)

구리copper는 인류와 역사를 함께해 온 오래된 금속 중 하나입니다. 기원 전 4000년경 아나톨리아 고원에 서는 구리를 가공해 도구를 만 들었고 구리를 함유한 광석에서 구리를 추출했습니다. 구리 제품 은 석기에 비해 잘 부서지지 않고 변 하지 않아서 오랫동안 사용할 수 있었다고 합니다. 망가지면 녹여서 몇 번이고 다시 만드는 것이 가능했지요. 이러한 구 리의 특성 덕분에 인류의 생활과 문화 수준은 크게 향상되었 습니다.

copper에는 구리 외에 동전, 잔돈이라는 뜻이 있습니다. coin과 함께 copper도 알아 두세요.

경찰관, 경찰관으로 일하다, 경찰에 밀고하다라는 뜻으로도 쓰입니다. 영국에서는 policeman만큼 copper라는 표현을 자주 사용합니다. 영국 드라마를 볼 때 귀 기울여 보세요.

The beggar asked me for some money but I had only a few coppers in my pocket. (걸인이 내게 돈을 달라고 부탁했지만 내 주머니엔 동전이 몇 개밖에 없었다.)

The gangsters were taken by surprise by coppers in the

bar. (갱들은 술집에서 경찰의 급습을 받았다.)

책이나 문서 복사copy는 현대인에게 아주 친숙한 일입니다. 복사기copy machine, photocopier 없는 학교나 회사, 도서관은 찾아보기 힘들지요.

복사기는 1837년 프랑스인 루이 다게르가 은판 사진술을 발명하면서 개발이 시작됐습니다. 이후 여러 개발자를 거쳐 소규모 인화지 제조업체인 할로이드에서 제록스 1호기를 생산했고, 1959년 마침내 최초의 현대식 복사기인 '제록스914'가 출시됐습니다. 도서관에서 필요한 자료를 손쉽게 복사해 주는 편리한 기능을 생각해 보면 이 기계에 고마움을 금할 길이 없습니다.

copy의 복사하다, 베끼다, 모방하다라는 뜻에서 나온 단어 copycat은 남의 행동이나 작품을 흉내 내는 사람을 가리킵니다. 평소 좋아하던 사람이 자살했을 경우 유사한 방식으로 자살을 시도하는 것을 모방 자살copycat suicide이라고 하죠. 스릴러 영화나 소설에 자주 등장하는 모방 범죄는 copycat crime, 모방 살인범은 copycat killer라고 합니다.

신문이나 잡지에 실을 기사, 책이나 잡지 한 부·한 권·한 통이라는 뜻도 있습니다.

Their love affair made great copy and created a huge

sensation. (그들의 연애는 좋은 기삿거리였고, 큰 화제가 되었다.)

I bought a copy of a detective novel on my way home. (나는 집에 오는 길에 추리 소설을 한 권 샀다.)

crown은 왕이 쓰는 왕관 또는 고대의 화관을 가리키는 단어입니다. 고대 그리스인은 신을 그릴 때 머리 주위에 금빛 원이나 원반을 배경처럼 그려 넣었습니다. 이 '후광'은 신을 더욱 빛나게 하거나 돋보이게 해 주었지요. 여기서 아이디어를 얻은 고대 이집트나 로마의 왕은 자신을 신격화하기 위해 깃털, 보석, 금으로 관을 만들어 머리에 쓰기 시작했다고 합니다. 서양의 왕관은 후광에서 유래한 것이지요. 예수를 박해하던 사람들은 조롱의 의미로 그의 머리에 가시면류관a crown of thorns을 씌우기도 했습니다.

crown에는 왕위, 경기 우승자의 자리, 정수리, 물건이나 언덕의 꼭대기라는 뜻도 있습니다. 전부 높은 자리를 가리키는 비슷한 의미지요.

높은 자리를 부여할 때는 crown을 동사로 활용합니다. 이때는 왕관을 씌우다, 왕위에 앉히다라는 의미가 되지요.

한국에서는 어떤 일을 잘 마무리하여 좋은 결과를 맺을 때 '유종의 미'를 거둔다고 하지요? 영어권 지역에서도 최후를 장식하다, 완성하다라는 의미로 crown을 사용합니다.

The prince refused the crown to marry the woman he loved. (왕자는 사랑하는 여인과 결혼하기 위해 왕위를 거부했다.)

Lily is determined to take over Wimbledon crown. (릴리는 윔블던의 왕좌를 차지하려고 굳게 마음먹고 있다.)

I want to run to the crown of a hill with my dog. (나는 내 개와 함께 언덕 꼭대기까지 달리고 싶다.)

The nobel prize crowned his life as a pacifist. (노벨상은 평생 평화주의자로 살아온 그의 마지막을 장식했다.)

detail은 세부 사항, 세부 양식이라는 뜻으로 옷이나 작품을 묘사할 때 자주 쓰이는 단어입니다. 장인이 한 땀 한 땀 심혈을 기울여 만든, 즉 detail에 충실한 물건을 명품이라고 합니다.

detail에는 몇 가지 색다른 뜻이 있습니다. 먼저 군대와 관련되면 특수 임무를 맡은 부대, 특별한 임무에 파견하다라는 의미로 쓰입니다. 차를 구석구석 세차하다라는 뜻도 있습니다. 여기서 나온 용어 auto detailing은 자동차 세부 청소라는 뜻으로 세차의 취미화 현상을 가리킵니다. 영국과 미국뿐 아니라 한국에도 세차 취미를 공유하는 사람들이 모인 인터넷 카페가 있다고 합니다. 세차는 주유할 때 받은 쿠폰이 모이면 하는 것이라고 생각했던 저에겐 정말 놀라운 취미가 아닐 수 없습니다. 어떻게 세차가 즐거울 수 있나요? 사람들의 취향은 정말 다양합니다.

go into detail은 상세히 설명하다라는 의미로 detail의 뜻 가운데 하나인 ~에 대한 정보에서 나온 숙어입니다.

세부 사항, 상세한 정보부터 특별 임무와 세차하다까지. detail에는 잘 알려지지 않은 의외의 뜻이 숨어 있지요? 앞으로 세차를 할 때는 detail이라는 단어를 떠올려 보세요.

A: You can't imagine what a wonderful time we had in that luxurious resort.

B: Oh, no. Don't go into the details. I'm already jealous.

A: 우리가 그 호화로운 리조트에서 얼마나 근사한 시간을 보냈는지 넌 상상도 못 할 거야.

B: 아, 자세히 말해 줄 필요 없어. 난 이미 배 아프니까.

A few police officers were detailed to guard a guest of the state. (국빈을 호위하기 위해 경찰 몇 명이 특별 임무를 맡고 파견됐다.)

[dɪˈvɔːrs] ❶ 이혼 ❷ 분리하다, 절연하다

7세기 말 앵글로색슨족은 다음과 같은 이유로 남편이 아내와 이혼을 할 수 있었습니다. "불임, 서툰 솜씨, 우둔, 짜증, 사치, 무례, 음주, 대식, 수다, 성급함." 저는 21세기에 살고 있으니 상관없습니다만 과거 한국에도 여성에게 만만치 않았던 시절이 있었지요. 유교에서 비롯된 조선의 칠거지악은 아내를 내쫓는 이유가 되는 일곱 가지 조항입니다. "시부모에게 순종하지 않음, 자식을 낳지 못함, 부정하고 음란한 행동, 시기심 많고 질투함, 전염병이나 불치병, 말이 많아서 구설수에 자주 오름, 남의 물건을 훔침"을 말하지요. 여성에게 지나치게 가혹한 건 동서양이 비슷했습니다.

divorce는 이혼, 이혼시키다, 이혼하다는 의미와 여기서 확장된 ~로부터 분리하다, 절연하다라는 뜻으로 많이 쓰입니다.

영국 튜더 왕조의 후손인 헨리 8세의 이혼은 역사를 바꾼 세기의 이혼이라고 불립니다. 첫 번째 왕비 캐서린과의 사이에 아들이 없던 헨리 8세는 궁녀인 앤 불린과 결혼하려고 이혼을 시도했지만 로마 교황의 반대에 부딪혔습니다. 그러자 가톨릭교회와 절연하고 영국 국교회를 공식 선포해 버리죠. 하지만 사랑은 움직이는 법. 앤도 고대하던 왕자를 낳지 못하자 헨리 8세의 마음은 식어 버립니다. 천 일 동안 헨리 8세 곁에서 지낸 앤은 형장의 이슬로 사라지고 말죠. 동화에서는 왕자를 만나 결혼하면 다들 잘 먹고 잘 살았다고 하던데 역시 현실은 동화와 다른가 봅니다.

Their marriage ended in divorce in 2000. (그들은 2000년에 이혼했다.)

The movie star couple filed for divorce. (그 영화배우 부부는 이혼을 신청했다.)

The president divorced herself from reality and insisted to keep the post. (대통령은 현실을 무시한 채 물러나지 않으려고 고집을 피웠다.)

요리를 좋아하지만 가능한 한 부엌에 들어가고 싶지 않은 엄마를 둔 제 딸이 좋아하는 음식은 달걀말이입니다. 그릇에 달걀 서너 알을 풀어 힘차게 저은 다음 각종 야채를 넣고, 기름 두른 팬에 붓고 돌돌 말면서 노릇노릇하게 구워 내면 그보다 더 맛있는 음식은 없어 보입니다. 요리라고 하기 민망할 정도로 만들기 쉽죠.

고대 이집트에서는 무덤에도 달걀을 넣었고, 그리스에서는 달걀로 무덤 위를 장식했다고 합니다. 오래전부터 여러 문명사회에서는 달걀을 새 생명과 부활의 상징으로 여겼다고 하니 기독교 교회가 부활절을 기념하여 달걀을 나누어 주는 것은 당연한 일이었겠지요. 과거 독일의 일부 지역에서는 부활절 달걀이 출생증명서를 대신했다고도 하더군요.

달걀, 달걀을 섞다라는 뜻을 가진 egg에는 난자라는 뜻도 있습니다. 인공수정에 관한 글을 읽으면 egg가 자주 등장합니다. ovum도 난자라는 뜻의 동의어입니다.

풋내기, 애송이를 일컫는 말로도 egg를 사용합니다. bad, dumb, old, good, tough 등의 형용사와 egg가 나란히 쓰이면 놈, 자식이라는 의미가 되지요. 남에게 (썩은) 달걀을 던지다, 부추기다, 선동하다라는 뜻도 있습니다. 중요한 표현이니 꼭 기억해 두세요.

He is a really bad egg. (그 자식은 정말 못됐어.)

Angry people egged a corrupt politician when he came out of the courtroom. (부패한 정치가가 법정에서 나왔을 때 성난 사람들이 썩은 달걀을 던졌다.)

John egged on the village people to drive out gypsies from the village. (존은 마을 사람들을 선동해서 집시들을 마을에서 몰아냈다.)

세계에서 가장 비싼 달걀은 파베르제의 달걀Faberge eggs입니다. 1885년 부활절에 러시아의 황제인 알렉산드르 3세가 황후 마리아 표도로브나에게 선물하려고 당시 보석 세공 명장인 카를 파베르제에게 의뢰해 만든 작품이죠. 이후 로마노프 왕조는 부활절에 파베르제 달걀을 선물하는 전통을 30년간 이어 갔습니다. 파베르제가 만든 53개의 부활절 달걀 중 현재 남아 있는 건 43개입니다. 모두 합쳐 400만 달러 이상의 가치가 있다고 해요.

execution은 처형, 사형 집행이라는 뜻입니다. 사형은 capi-tal punishment라고 하지요. 현대 사회에서는 사형 제도에 대한 찬반 논쟁이 뜨겁고, 실제로 사형 제도를 실시하는 나라가 점점 줄어드는 추세입니다. 한국도 1997년 이후 사형 집행이 한 건도 이뤄지지 않았습니다.

중세 유럽에서는 공개 처형이 있는 날이면 어린아이까지도 광장으로 나와 축제처럼 즐겼다고 합니다. 마치 소풍이라도 가는 것처럼 빵과 음료를 챙겨서요. 지금으로선 이해할 수 없는 심리이지만 한편으로는 극장에 가서 잔인한 스릴러 영화를 보는 현대인의 심리와 크게 다르지 않았을 거라는 생각도 듭니다.

당시 사형 집행인executioner은 전문 직업인이었습니다. 집안 대대로 대물림되거나 실전 교육을 거쳐서 자격증을 따야만 직업으로 삼을 수 있었기 때문에 단칼에 목을 베지 못하면 야유와 함께 사람들이 던지는 돌을 맞았습니다. 사회 계급에서는 최하층 천민에 속했어요. 외출을 할 때는 반드시 붉은 코트를 입어서 자신이 사형 집행인임을 드러내야 했으며, 교회에서는 일반인과 다른 구역에 앉아야 했고 일반 주거 지역과 공중목욕탕엔 출입이 금지되는 등 극심한 차별을 받았습니다. 다만 사형 집행을 하면서 인간의 뼈 구조에 대한 지식을 익힌 덕분에 골절을 당한 사람들이 찾아오면 치료를 해 주는 식의 부업을 해서 수입이 상당히 좋았다고 합니다. execution에는 예술 작품 제작·연주, 솜씨라는 뜻도 있습니다. 예술 작품을 만들다라는 동사 execute에서 나온 의미죠. 실행, 수행이라는 뜻으로도 자주 쓰입니다.

His execution of the violin piece was great. (그의 바이올린 연주 솜씨는 근사했다.)

His idea was fantastic but the execution was disappointing. (그의 아이디어는 끝내줬지만 실제로 해 보니 실망스러웠어.)

[ɪkˈspekt] ❶ 기대하다, 예상하다 ❷ 기다리다 ❸ 임신 중이다

영국의 대문호 찰스 디킨스의 소설 『위대한 유산』은 핍이라는 소년이 우연히 탈옥수를 만나면서 시작되는 감동적인 성장 소설입니다. 책을 읽은 독자는 자신만의 관점으로 '위대한 유산'의 의미에 대해 곱씹어 보게 되지요.

영어 원제는 『Great Expectations』로, 여기서 expectation은 유산이라는 뜻입니다. 명사 expectation의 동사형인 expect는 기대하다, 예상하다라는 의미입니다. 흔히 부모가 자식에게 품는 기대를 표현할 때 사용하는 단어이지요. 진행형으로 쓰면 (오기로 예정된 뭔가를) 기다리다라는 뜻입니다. pregnant(임신하다)를 보다 완곡하게 표현할 때도 expecting을 사용하는데, 이때는 아이를 낳을 예정이다라는 의미가 되지요.

단어의 잘 알려지지 않은 의미들을 기억해 두면 표현이 풍성해집니다.

A lot of college students expect to find a good job after graduation. (많은 대학생이 졸업 후에 좋은 직장을 찾을 수 있을 거라고 기대한다.)

His parents expected him to be a doctor. (그의 부모님은
그가 의사가 되길 기대했다.)

A: Are you expecting a call from someone?

B: No. What makes you say that?

A: It's because you seem to stay next to the phone all
day long.

A: 누구의 전화를 기다리고 있니?

B: 아니. 왜 그렇게 생각해?

A: 하루 내내 전화 옆에만 있는 것 같아서.

The female actor announces she is expecting a baby
in new year. (그 여성 배우는 자신이 1월에 아이를 출산할
예정이라고 발표했다.)

얼굴이 오랫동안 가뭄에 시달린 논바닥처럼 쫙쫙 갈라지고 땅기는 느낌이 들어서 백화점에 크림을 사러 갔습니다. 화장품 매장에 갔더니 20대 초반으로 보이는 한 청년이 의자에 앉아서 직원이 해 주는 메이크업을 받고 있더군요. 호기심이 발동한 저는 직원에게 크림의 효능에 대한 질문과 함께 "요즘 남자도 메이크업을 받으러 오나 봐요?"라고 슬쩍 물었습니다. 꽤 많이 온다고 하더군요.

사실 남자도 고대부터 화장을 했습니다. 종교나 전투 의식의 일부로 얼굴이나 몸을 장식하고 몸에 향료를 뿌리고 머리를 염색하기도 했지요. 고대 이집트에서는 미용실과 향료 제조 공장이 번성했고 메이크업 기술도 널리 퍼졌다고 합니다. 여자뿐 아니라 남자들도 화장을 좋아해서 죽으면 저승에서 쓰기 위한 다량의 화장품을 무덤에 넣어 줬습니다. 투탕카멘의 묘지를 발굴했을 때도 화장품이 든 작은 항아리가 발견됐어요. 화장의 역사가 긴 고대 이집트에서는 특히 눈 화장을 강조했다고 합니다.

eye에는 눈, 눈매라는 뜻에서 발전한 시력, 시각, 안목이라는 뜻도 있습니다. 관심, 목적, 의도라는 의미로도 쓰이지요. 카메라 렌즈 구멍, 단춧구멍, 바늘귀, 표적의 중심, 감자와 같은 식물의 싹도 eye라고 합니다. 이런 표현을 외워 두면 다양한 문맥에서 사용할 수 있습니다.

a private eye는 <u>탐정</u>입니다. detective, sleuth와 함께 알
아 두면 스릴러 소설을 읽을 때 도움이 됩니다.

  He has an eye of a businessman. (그는 사업가로서의
  안목이 있다.)

  Tom is a man with an eye to his own profit. (톰은 자기
  이익은 철저하게 챙기는 사람이다.)

극작가 버나드 쇼의 희극 『피그말리온』을 각색한 뮤지컬 영화 『마이 페어 레이디』My fair lady에는 거리에서 꽃을 파는 일라이자와 언어학자 헨리 히긴스 교수가 등장합니다. 히긴스 교수가 하층 계급 여성에게 언어와 예절을 교육시켜 상류층 여성으로 만들어 놓겠다고 친구와 내기를 하면서 벌어지는 이야기지요. 여기서 fair는 우리가 흔히 알고 있는 공정하다, 공평하다라는 뜻이 아니라 아름답다라는 의미로 쓰였습니다. 영화 제목은 '나의 아름다운 여인'으로 해석할 수 있겠지요. 영어가 어려운 것은 이처럼 한 단어가 맥락에 따라 여러 가지 뜻으로 해석되기 때문입니다.

여담이지만 일라이자 역을 맡은 오드리 헵번은 배우로서의 삶 이후 세계 곳곳을 돌아다니며 구호 활동에 힘썼습니다. 외모뿐 아니라 영혼까지 아름다운 배우였지요. fair에는 살결이 희다, 금발이다라는 뜻도 있습니다. 인물의 외모를 묘사할 때 자주 나오는 표현이지요. 이 단어가 들어가는 속담도 있습니다.

'용감한 자만이 미인을 얻는다.' 이 오래된 속담을 영작할 때는 beauty 대신 fair라는 단어가 들어간다는 점을 잊지 마세요. None but the brave deserve the fair.

저는 인테리어에 관심이 많아서 정기적으로 열리는 하우징

페어 housing fair 를 보러 갑니다. 여기서 fair는 박람회를 말하지요. 이 밖에도 품평회, 설명회 역시 fair라고 합니다.

마지막으로 fair에는 상당한, 꽤 많은이라는 뜻도 있습니다.

There's a fair chance that he might win the election.

(그가 선거에서 승리할 가능성이 크다.)

부채fan는 5,000년 전 멀리 떨어진 두 나라에서 탄생했습니다. 중국인은 부채를 예술로 승화시켰고 이집트인은 부채를 계급의 상징으로 만들었죠. 고대 이집트를 배경으로 한 영화에는 하인이 부유한 주인이나 파라오를 위해 거대한 부채를 부치는 장면이 단골로 등장합니다. 당시에는 부채가 땅에 드리우는 그림자에 평민이 들어가지 못했다고 해요. 덥고 건조한 이집트에서 이 '산들바람'은 누구나 가지고 싶어 하는 귀중품이었습니다. 투탕카멘의 피라미드에서 발견된, 황금봉에 타조의 깃털을 붙인 부채가 가장 오래된 부채로 알려져 있어요.

반면 중국에서의 부채는 좀 더 민주적이었습니다. 디자인이나 장식도 다양했죠. 중국에서 발명한 부채가 6세기 일본에 전해지면서 양국은 부채 제작에서 서로 영향을 주고받았습니다. 15세기에는 유럽 상인이 교역을 통해 중국이나 일본의 장식용 부채를 가지고 고국으로 돌아갔습니다. 그렇게 부채는 전 세계인에게 사랑을 받게 되었지요.

한국도 부채의 역사가 오래됐습니다. 단옷날에는 임금이 신하들에게 부채를 선물하는 중요한 풍습도 있었다고 해요. 예나 지금이나 부채는 여름에 빼놓을 수 없는 필수품인가 봅니다.

부채와 비슷한 기능을 하는 선풍기와 송풍기도 fan이라고
합니다. ~을 부채질하다, 부추기다, 선동하다라는 뜻으로도
자주 쓰이지요. 앞에서 배운 egg에도 선동하다라는 의미가
있었죠. 연결해서 외워 두면 좋습니다.

fan의 모양을 생각하면서 부채 모양으로 펼쳐져 있다, 사람
이 사방으로 흩어지다라는 의미도 기억해 두세요. 이때는
fan out이라는 숙어를 씁니다. 뭔가를 열성적으로 좋아하는
팬이라는 뜻도 있답니다.

He gave an antique fan for my birthday present. (그는
내 생일 선물로 골동품 부채를 선물했다.)

His refusal to apologize simply fanned my resentment.
(그가 사과하지 않으려고 해서 나는 더 화가 났다.)

The police fanned out to look for a missing girl. (경찰은
실종된 소녀를 찾아 흩어졌다.)

My daughter is a huge fan of the group called Winner.
(내 딸은 위너라는 그룹의 열렬한 팬이다.)

겨울 추위가 맹위를 떨칠 때마다 언제나 따뜻해지려나 기다
리지만 어느 순간 허를 찌르듯 봄이 우리 옆에 이미 도착했
음을 느낍니다. 저는 봄이 오면 여러모로 마음이 바
빠지는데, 그중에 특히 겨울 동안 불어난 살을 빼
는 다이어트가 시급해집니다. 바나나 다이어트,
식초 다이어트, 사과 다이어트, 카카오 닙스 다
이어트, 흰 콩 다이어트 등 안 해본 다이어트가
없는데 올 봄엔 또 어떤 다이어트를 해야 할지 골
치가 아픕니다. 이렇게 속성 다이어트 같은 일시적인
미봉책이나 응급조치를 영어로 quick fix라고 합니다. 여기
서 fix는 명사로 쓰였지만 동사로도 쓰임새가 다양한 단어입
니다. 그만큼 익히기 쉽지 않지만 제대로 공부하면 여러 상
황에서 써먹을 수 있는 만능 동사이기도 하죠.

대표적인 뜻인 고정하다 외에도 물건을 고치다, 환자를 치료
하다, 의복을 수선하다라고 표현할 때도 fix를 씁니다. 대상은
다르지만 무언가를 고친다는 점에서는 비슷한 의미지요.

Can you fix the car right now? I'm late for work. (지금 차
고칠 수 있어? 이러다 회사에 지각하겠어.)

회사에서 회의를 할 때는 fix를 준비하다라는 뜻으로 자주 사
용합니다. 음식이나 음료를 준비하다라는 뜻도 있지요. 얼굴

이나 머리를 매만지거나 다듬을 때도, 스포츠 시합의 결과를 조작하거나 배후에서 매수할 때도 fix라고 표현합니다.

The secretary is in charge of fixing the directors' meeting. (그 비서가 이사회를 준비하는 책임을 맡고 있다.)

I will fix you something to eat. You look so pale. (내가 먹을 걸 좀 차릴게. 네 안색이 너무 창백하다.)

You might want to fix your hair if you want to impress him. (그에게 좋은 인상을 주고 싶다면 머리를 좀 다듬는 게 좋겠어.)

The boxing match must have been fixed. I can't believe that he won. (그 권투 시합은 조작된 게 분명해. 그 선수가 이기다니 믿을 수 없어.)

영어를 잘하는 방법 중 하나는 fix처럼 얼핏 보기엔 짧고 쉬워 보이지만 굉장히 많은 쓰임새를 갖고 있는 동사의 뜻을 확실하게 익히는 것입니다. 공부할 땐 헷갈리고 힘들어도 내 것으로 만들면 어떤 문맥에서 fix가 나와도 쉽게 이해하게 됩니다. 이렇게 하나하나 쌓아 올린 단어 실력이 영어 실력으로 연결되지요.

[fɔːrk] ❶ 갈퀴 ❷ 갈림길

포크fork에 관한 쓰라린 추억이 하나 있습니다. 뉴질랜드에서 지내던 시절, 겨울에 친구들과 스키장에 갔습니다. 스키장 산장 에서 저녁 식사로 스테이크가 나왔 어요. 당연히 테이블 위에는 나이프와 포크 세트가 갖춰져 있었고요. 그런데 문제가 발생했습니다. 제 접시 위의 스테 이크가 힘줄투성이라 어찌나 질기던지 힘을 줘서 칼질을 했 지만 스테이크가 잘 썰리지 않는 겁니다. 포크로 꽉 찍어 누 르고 나이프를 써서 고기와 사투를 벌이던 와중에 미끄덩한 고기가 접시에서 튕겨 나가 저의 맞은편에 앉아 있던 금발 미남 청년의 다리 위로 떨어졌어요. 쥐구멍이라도 있으면 숨 고 싶더군요. 그 청년의 깜짝 놀란 표정을 지금도 잊을 수 없 습니다.

요즘은 동양인도 젓가락만큼이나 포크와 나이프를 능숙하게 사용하지만 사실 서양에서도 포크를 사용한 역사는 그리 길 지 않다고 합니다. 중세 성직자는 하느님이 내린 음식을 손으 로 만지지 않는 것은 불경스러운 행동이라고 생각해서 포크 사용을 금했다고 해요. 그러다가 11세기에 두 갈래로 나뉜 포 크가 등장합니다. 베네치아 총독과 결혼한 동로마 제국의 공 주가 포크로 식사를 하면서 포크 사용이 잠깐 유행하기도 했 습니다. 지금 보면 참 이상한 논리지요? 역사적으로 굳어진 관례를 살펴보면 희한하고 재미난 이유가 많이 등장합니다. fork라는 단어의 어원은 건초용 갈퀴라는 뜻의 라틴어 furca에서 나왔습니다. 그래서 fork에는 쇠스랑, 갈퀴라는 뜻도 있지요. 우리가 흔히 포클레인이라 부르는 삽차도 여기서 나왔다고 생각하기 쉽지만 포클레인은 회사 이름이고 삽차는 영어로 excavator입니다.

끝이 갈라진 모양 때문에 분기점, 갈림길, 갈라지다, 나뉘다라는 의미로도 쓰입니다. 음식을 찍어 먹는 포크가 쇠스랑도 되고 갈림길도 된다는 사실을 잊지 마세요. 모두 갈라진 모양에서 나온 뜻이니 기억하기 쉽겠죠? 이런 이미지 연상법은 기억력을 향상시키기도 합니다. 대상 그 자체만 기억하기보다는 대상과 관련된 이미지를 머릿속에 저장하는 것이죠.

The road forks near the village. You should follow the direction carefully to find her place. (그 길은 마을 근처에서 갈라진다. 그녀의 집을 찾으려면 약도를 잘 따라가야 한다.)

[frʌnt] ❶앞 ❷이마 ❸겉치레 ❹위장, 얼굴마담 ❺전선

건물에 들어간 손님을 가장 처음으로 맞아 주는 안내 데스크를 front desk 또는 front라고 합니다. front는 앞 혹은 정면이라는 뜻이 여러모로 활용되는 천의 얼굴을 가진 단어입니다.

적과 싸울 때 맨 앞에서 맞서는 곳인 최전선도 front(line)라고 합니다. 역시 앞이라는 뜻이 들어 있지요. 날씨의 전선을 가리킬 때도 쓰입니다. a cold front는 한랭 전선, a warm front는 온난 전선입니다.

본래의 정체가 드러나지 않도록 꾸미는 위장 혹은 실권 없는 명목상의 대표라는 뜻도 있습니다. 한국에서는 바지사장이나 얼굴마담이라고 하지요. 이마나 얼굴도 front라고 합니다. 얼굴을 맞대다라는 표현은 face to face지만 front to front라고도 하죠. 마지막으로 겉치레, 체면이라는 뜻도 있습니다.

She is constantly worried because her son has been posted at the front. (그녀는 아들이 최전선으로 배치됐기 때문에 걱정이 그치질 않는다.)

The restaurant was just a front for drug trafficking.

(그 식당은 그저 마약 밀매를 위해 식당으로 위장한 곳이었을
뿐이다.)

He is just a front for a paper company. (그는 유령 회사의
명목상 대표일 뿐이다.)

He is busy putting on a good front. (그는 체면치레를
하느라 바쁘다.)

front라는 단어가 사람들에게 노출되는 외관, 정면이라는 뜻
을 지니고 있다 보니 표리부동하기 쉬운 면을 부각시킨 부정
적인 의미가 많이 담기게 되었나 봅니다. 단어를 공부하면서
새삼 나의 행동을 되돌아봅니다.

gallery는 화랑, 미술관을 뜻합니다. 요즘은 화랑보다는 미술관이나 갤러리라는 말을 더 자주 쓰고 있지만요. 공간만이 아니라 그곳에 있는 미술 전시품을 가리키기도 합니다. 그 밖에도 상당히 많은 의미를 지닌 단어이니 함께 살펴보지요.

우선 회랑 또는 길쭉한 방이라는 뜻으로 장소를 묘사할 때 자주 등장하는 단어입니다. 회랑은 건물이나 정원을 둘러싼, 지붕이 있는 복도를 가리키는데 사원이나 궁전에서 자주 볼 수 있는 공간이지요.

극장에서 가장 저렴한 최상층 관람석도 gallery라고 합니다. 예전에 레이디 가가의 공연을 gallery에서 본 적이 있어요. 가가의 무대가 너무 멀리 떨어져 있어서 텔레비전으로 보는 것보다 못하더군요. 앞으로 공연을 보러 갈 때는 가급적 gallery는 피해야겠다고 마음먹었습니다.

gallery에는 골프 시합을 구경하는 구경꾼이라는 뜻도 있습니다. 타이거 우즈 같은 유명한 골프 스타는 자신만의 gallery를 몰고 다니죠. 특정 선수가 경기하는 모습을 보고 싶어 하는 팬들이 경기장으로 쫓아다니는 겁니다.

마지막으로 방송 스튜디오에 붙은, 전면이 유리로 된 방도 gallery라고 합니다. 요즘은 디제이들이 gallery에서 녹음

하는 모습을 방송으로 내보내기도 하더군요. 개인적으로는
'보이지 않는 라디오'가 더 좋습니다. 라디오에서 흘러나오는
목소리를 듣는 것만으로도 충분하거든요.

The gallery was full of interesting paintings. (그 화랑에는
흥미로운 그림이 많다.)

The gallery of the ninth green was silent as everyone
held their breath before the shot. (9홀 근처에 있는 구경꾼
모두 선수가 샷을 날리기 전에 숨을 죽였다.)

The gallery of onlookers at the trial were shocked by the
verdict. (법정 방청석에 앉은 모든 사람이 그 판결에 충격을
받았다.)

유리glass는 인류가 만들어 낸 최초의 인공 소재입니다. 고대에는 유리가 보석이나 귀금속에 가까웠기에 권력자는 제조법을 비밀리에 부친 채 유리를 독점했습니다. 아시리아가 오리엔트 지역을 통일하고, 유리 제조법을 이집트에 전파하면서 널리 퍼져 나가게 되었지요. 유리 제조가 활짝 꽃을 피운 곳은 베네치아였습니다. 지금도 베네치아는 유리 공예의 중심지이고 공방의 장인들이 여전히 아름다운 유리를 만들고 있습니다.

glass는 유리 외에도 유리잔이나 컵, 유리로 만든 제품을 가리키는 단어입니다. 물이나 음료 한 잔도 glass라고 하지요.

A: What would you like to drink?
B: I'd like a glass of wine, please?
A: 뭘 드시겠어요?
B: 와인 한 잔 주세요.

glass에는 렌즈, 현미경이라는 뜻도 있습니다. 옛날 영화에서 부잣집 노인이나 과학자가 알이 하나뿐인 안경을 쓴 이국적인 모습을 본 적 있나요? 단(외알)안경을 glass 또는 monocle이라고 합니다. 복수 glasses는 코에 얹는 알 두 개

짜리 안경을 가리키지요.

안경은 1300년대 전후 이탈리아에서 발명되었지만 발명가가 누구인지는 정확하게 알려지지 않았습니다. 중세의 안경 기술은 책의 보급과 나란히 발전했다고 하는데 생각해 보면 당연한 일입니다. 안경 덕분에 시력이 좋지 않은 사람도 책 읽기가 수월해졌겠지요. 당시 독서 열풍과 함께 안경의 인기도 올라갔을 것이라고 짐작됩니다. 중세의 출판도시 뉘른베르크가 품질이 뛰어난 안경을 제작하는 곳으로도 유명한 이유지요.

세계 최초의 안경은 중국에서 제작했다는 말도 있지만 실크로드를 통해 이탈리아에서 전파된 것으로 추정됩니다. 중국 송·원 시대에는 안경 한 개가 말 한 필과 맞먹을 정도로 고가의 물건이었다고 해요. 한국에 안경이 들어온 정확한 시기는 알 수 없지만 대략 임진왜란 전인 1580년 중국을 통해 들어왔을 것으로 추측하더군요.

glass를 활용한 표현도 알아 두면 좋습니다. 조직 내에서 여성의 승진을 가로막는 보이지 않는 차별을 glass ceiling(유리 천장)이라고 부릅니다. 유리로 만들어져서 천장이 없는 것처럼 보이지만 사실은 그렇지 않지요. 비슷한 표현인 glass wall(유리벽)은 여성을 핵심 업무가 아닌 특정한 직종에만 배치하는 성 분리 현상을 가리키는 용어입니다. 성 평등gender equality이 제대로 실현되는 세상은 언제쯤 올까요?

하루 종일 회색 콘크리트 건물 안에서 지내다 보면 싱그러운 초록빛이 그리워집니다. 그럴 때 잠깐이라도 근처 공원을 산책하거나 하다못해 아파트 단지의 화단 옆이라도 서성거리다 보면 무거웠던 머리가 맑아지는 느낌이 들어요. 실제로 병실의 창밖으로 자연 풍경이 보일 때 환자들의 회복이 더 빠르다는 연구 결과가 1984년 『사이언스』에 발표됐습니다.

green은 초록, 초목이 우거져서 푸르다라는 뜻을 가진 단어입니다. 그래서인지 푸성귀나 푸른 잎 채소도 green이라고 부르지요. green salad는 잎 채소로 구성된 샐러드를 말합니다. 환경 보호를 주장하는 녹색당green party의 이름에서 알 수 있듯이 green은 환경 보호, 환경 친화적이라는 의미도 지닙니다.

또한 과일로 치면 아직 덜 익었다는 뜻이고, 사람에게 쓰면 풋내기, 미숙하다, 경험이 없다라는 뜻이 됩니다. 어른이 되고 싶지 않은 피터 팬은 항상 녹색 옷을 입고 있어요. 녹색은 순수한 동심을 상징하는 동시에 정신적 미성숙을 나타내기도 합니다.

그런가 하면 녹색은 이슬람권 국기에서 쉽게 발견됩니다. 리비아는 카다피가 축출되기 전까지 무늬가 없는 녹색 바탕의 국기를 사용했지요. 주로 사막 지대에서 살아가는 무슬림에게 녹색은 푸른 오아시스이자 생명을 보존하는 중요한 공간, 예언자 무함마드를 상징하는 색이라고 합니다. 반면, 이슬람을 두려워했던 유럽인은 피하거나 경계해야 할 대상을 녹색으로 표현했습니다. 영화에 녹색 괴물이나 외계인이 자주 등장하는 것은 이런 심리가 저변에 깔려 있기 때문이죠. 슈렉도 녹색이었습니다. 하지만 그렇게 귀여운 녹색 괴물이라면 언제든 만나 보고 싶군요.

마지막으로 green은 <u>질투하다</u>, 두려워서 얼굴이 창백해지다라는 뜻으로도 쓰입니다. 영어로는 green이지만 한국에서는 <u>파랗게 질렸다</u>라고 번역해야 자연스럽지요.

My colleagues are green with envy after I got promoted. (내가 승진하자 동료들이 몹시 부러워했다.)

Susan was green with fear. (수잔은 두려운 나머지 얼굴이 파랗게 질렸다.)

회색은 이렇다 할 특징이 없고, 색에 얽힌 흥미로운 이야기
도 없는 안타까운 색입니다. 하지만 회색을 뜻하는 grey는
문장 곳곳에서 다양한 의미로 활용되는 단어지요. 한번 살펴
볼까요?

grey에는 머리가 세다, 노인의, 노년의라는 뜻이 있습니다.
grey vote는 노년층의 표, grey power는 노인의 힘을 가리
키지요. 흔히 노인을 지칭할 때 사용
하는 senior와 번갈아 쓰입니다.
의학 발달로 인간의 수명이 늘어
나면서 중년과 노년을 구분하는
나이의 기준도 수정해야 한다는
의견이 있습니다. 이제는 60대까
지를 중년으로 보고, 70대부터 노년이
라고 쳐야 한다는 것이지요. 재미있는 사실은 설문조사를 했
더니 응답자는 자신의 나이대보다 10살 많은 연령층을 노년
이라고 대답했다고 합니다. 예를 들어 40대는 50대를, 50대
는 60대를, 심지어 60대는 70대를 노년이라고 생각했다는
군요. 나이 들어 감을 인정하고 싶지 않은 심리겠죠? 회색의
이런 면을 잘 표현한 영화 제목이 있어요. 1963년에 나온 신
상옥 감독의 『로맨스 그레이』입니다. 제목만 보면 중년의 사
랑을 그린 애틋한 영화가 아닐까 싶지만 실은 남편이 정부를
숨겨 두고 지낸다는 사실을 알게 된 부인이 정부의 집으로

쳐들어간다는 중년 부부의 이야기입니다. 제목에서 풍기는
낭만적인 느낌이 단번에 사라져 버리죠?

우중충한 풍경이나 날씨를 묘사할 때도 grey를 사용합니다.
하늘이 잿빛이다, 우중충하다라는 의미로 쓰이지요. 그러다
보니 자연스럽게 기분이 우울하다라는 뜻으로도 이어집니다.

I'm very sad that I'm going grey. (흰머리가 자꾸 생겨서
슬프다.)

Life seems so grey without all the trees in the world.
(세상에 나무가 없다면 아주 우울할 것 같다.)

habit은 습관이라는 뜻입니다. '세 살 버릇이 여든까지 간다' 는 한국 속담처럼 다른 나라에도 습관의 중요성에 관한 명언 이 많습니다. 비슷한 뜻을 가진 문장 'Old habits die hard.' 는 오래된 습관은 쉽게 사라지지 않는다는 뜻입니다. 너새니 얼 에몬스 목사는 이런 말을 했습니다. 'Habit is either the best of servants or the worst of masters.' 습관이 최고 의 하인이 될 수도, 최악의 주인이 될 수도 있다는 말이지요. 어떤 습관을 들이느냐에 따라 인생이 달라집니다. 그리스 속 담 'Character is destiny'는 성격이 운명이라는 뜻입니다. 성격도 습관이 차곡차곡 쌓여서 형성된다는 걸 생각해 보면 습관이 운명이라고도 할 수 있겠지요.

habit에는 습관 외에 성향이나 성벽, 기질이라는 뜻도 있습 니다. 예문을 살펴볼까요?

You need to change your habit
of cramming for an exam.
(넌 시험 볼 때 벼락치기 하는
습관을 바꿔야 해.)

I'm in the habit of drinking lots of coffee when I'm
stressed out. (난 스트레스를 받을 때 커피를 많이 마시는
습관이 있다.)

I like the cheerful habit of his mind. (난 그의 쾌활한
기질이 마음에 든다.)

수도사나 수녀가 입는 의복이나 여성용 승마복도 habit이라
고 합니다. 본디 의복, 옷이라는 의미에서 출발해 습관이라는
의미로 자리 잡았다고 해요. 옷처럼 몸에 딱 맞는 버릇이나
경향이 굳어져 습관이 되는 걸 보면 고개가 끄덕여집니다.
몸에 맞지 않는 옷을 버리는 것처럼 좋은 습관good habit은 유
지하고 나쁜 습관bad habit은 끊는 것이 현명한 삶의 태도겠지
요. 습관을 고친다고 말할 때는 동사 break나 overcome을
사용하세요.

집집마다 공구함에 하나씩 들어 있는 <u>망치</u>를 hammer라고 합니다. 판사가 판결을 내리고, 경매사가 낙찰을 알릴 때 두드리는 망치도 여기에 포함되지요. hammer에는 <u>망치로 두드리다, 못을 박다</u>라는 뜻도 있습니다. 자동차의 액셀러레이터(가속 페달)도 hammer라고 하지요. drop the hammer 는 <u>액셀러레이터를 밟다</u>라는 뜻입니다.

I'm terrible at hammering nails to the wall. I always end up hitting one of my fingers. (나는 벽에 망치질을 정말 못한다. 항상 벽이 아니라 손가락을 때리고 만다.)

예전에 스릴러 소설을 읽다가 총격전을 묘사하는 장면에서 느닷없이 등장한 hammer를 보고 "총격전에 웬 망치야?" 하며 의아해했는데 알고 보니 총의 <u>공이치기</u>라는 뜻으로도 쓰이더군요. 방아쇠trigger는 익숙한 단어일 수 있지만 hammer가 권총의 일부인 공이치기라는 사실은 잘 알려지지 않았죠. 다음 예문과 같은 과정으로 총이 발사됩니다. 이번 기회에 망치라는 뜻과 연결해서 알아 두세요.

When you pull the trigger, the hammer hits the firing
pin. (네가 방아쇠를 당기면 공이치기가 공이를 친다.)

hammer를 home과 함께 쓰면 ~을 인식시키다, 주입시키다
라는 의미입니다. 알아 둬야 할 표현이지요. 망치로 뜨거운 금
속을 내리쳐서 단련시키는 것처럼 사람에게 어떤 생각을 주
입시키고 인식시킨다고 생각하면 기억하기 쉽겠죠?
대장장이는 영어로 a knight of hammer입니다. 그리스 신
화에 나오는 헤파이스토스가 대장장이의 신이죠. 망치의 기
사라니 재미있는 표현입니다.

The teacher hopes to hammer the theme of the novel
home to the students. (그 교사는 학생들에게 소설의 주제를
확실히 이해시킬 수 있기를 바라고 있다.)

손을 보면 한 사람이 살아온 인생을 어느 정도 짐작할 수 있습니다. 평생 궂은일만 하느라 굳은살이 박인 거친 손이 있는가 하면 섬섬옥수라는 말처럼 가냘프고 고운 손도 있지요. 과거에는 남자가 여자에게 청혼을 할 때 '손에 물 한 방울 안 묻히게 해 줄게'라고 호언장담하기도 했습니다. 서양에서

도 남편의 재력 덕분에 노동을 하지 않아도 되는 여성은 손을 드러내는 것을 미덕으로 여겨 초상화를 그리거나 사진을 찍을 때 손이 잘 보이도록 포즈를 취했다고 하더군요.

hand에는 손 외에도 손으로 만든, 수동식이라는 뜻이 있습니다. applause의 동의어로 박수갈채라는 의미도 있지요. 시계나 계기판의 손이라고도 할 수 있는 바늘도 hand입니다. 시침은 the hour hand, 분침은 the minute hand, 초침은 the second hand라고 쓰죠.

도움이 필요할 때는 help라는 단어를 떠올리죠? hand 역시 도움, 협력, 일손이라는 의미로 많이 쓰입니다. 일본에서는 일손이 부족하거나 바빠서 도움을 청하고 싶을 때 '고양이 손이라도 빌리고 싶다'라고 표현합니다. 언어는 이렇게 통하는 맛이 있나 봅니다.

Let's give him a big hand who gave a wonderful performance. (멋진 공연을 해 준 그에게 큰 박수를 부탁드립니다.)

This wool sweater should be hand washed. (이 모직 스웨터는 손세탁을 해야 합니다.)

Would you give me a hand? I'm so busy at the moment. (좀 도와줄래? 내가 지금 너무 바빠서 말이야.)

모자는 영어로 hat 또는 cap이라고 합니다. 챙의 유무로 두 모자의 차이를 구분할 수 있어요. hat은 챙이 모자 둘레에 둥글게 달린 모자, cap은 앞부분에만 챙이 달린 모자입니다. 모자를 쓰고 벗는 행동은 각각 put on one's hat, take off one's hat을 사용해서 표현할 수 있습니다.

과거에는 주로 남성만 모자를 썼습니다. 16세기에 가발이 유행하면서 불편하다는 이유로 가발과의 경쟁에서 밀려나기도 했지만요. 가발 열풍이 식자 남성들은 다시 모자를 썼지만 실내에서, 여성 앞에선 모자를 벗는 새로운 관습이 생겼다고 합니다.

모자 중에서 가장 인상적인 모자를 꼽으라면 신사가 쓰는 검은 실크햇이 떠오릅니다. 1797년 런던의 잡화상 존 헤더링턴은 직접 디자인한 굴뚝처럼 생긴 모자를 쓰고 런던 거리로 나섰다가 구경꾼이 몰리는 바람에 치안 방해죄로 체포됐습니다. 하지만 그 덕분에 실크햇 주문이 물밀 듯이 쏟아졌다고 해요. 그는 시대를 앞서간 마케팅 천재였던 것이지요. 실크햇은 top hat이라고도 합니다. 상류 사회라는 뜻도 있어요. red hat은 추기경의 모자 또는 참모 장교를 가리키는 단어입니다. 함께 알아 두면 유용하지요.

hat에는 소액의 뇌물이나 부정 이득이라는 뜻도 있습니다. 뇌물을 주면서 "Buy yourself a hat."(이걸로 모자나 사세요)이라고 말한 데서 유래됐다고 합니다. 제가 번역한 탐정 시리즈의 주인공인 사립탐정 매튜도 수사에 도움을 받기 위해 동료 경찰을 찾아가 "Buy yourself a hat."이라고 말하며 20~50달러 정도의 현금을 은근슬쩍 찔러줍니다. 처음에는 많고 많은 물건 중에 왜 모자를 사라고 했을까 궁금했는데 알고 보니 이렇게 뇌물이라는 뜻이 숨어 있더군요.

일, 직무도 hat이라고 합니다. wear a hat은 어떤 역할을 하다라는 뜻이지요. 비슷한 뜻을 가진 단어는 앞에서 배운 chair입니다. chair는 권력자의 지위, hat은 일반적인 직무나 직위라고 구분해서 외우면 됩니다. 단어의 뜻만 외우지 않고 숙어로 알아 두면 영작할 때 수월해진답니다.

Lucy wears three hats-a wife, a mother, a teacher.
(루시는 아내, 엄마, 교사라는 세 가지 역할을 한다.)

I'm wearing two hats tonight-friend and doctor. (나는 오늘 밤 친구이자 의사로서 두 가지 역할을 하고 있습니다.)

결혼은 필수가 아니라고 생각하는 사람들이 점점 늘고 있습니다. 사회가 불안정하고 경제가 크게 위축된 상황에서 결혼뿐 아니라 취업이나 연애도 포기하는 N포 세대가 사회 문제로 대두되는 추세에 당연한 결과인지도 모르겠어요. 결혼은 해야 하나, 안 해야 하나 고민을 불러일으키는 문제입니다. 반면 신혼여행honeymoon은 듣기만 해도 달콤하고 기분 좋은 말이지요. 하지만 유래를 살펴보면 honeymoon이 마냥 달콤한 여행만은 아니었다는 사실을 알게 됩니다.

고대 북유럽의 고트족 남자는 자신이 살던 부락에 마땅한 신붓감이 없으면 단짝 친구의 도움을 받아 근처 마을에 가서 여자를 납치해 왔습니다. 바로 여기서 신랑 들러리를 서는 풍습이 시작됐지요. 신랑에게 반지를 건네주는 들러리가 사실은 여자를 납치하는 범죄의 공범이라니 아이러니하지 않나요? 신랑 들러리는 반지 대신 무기를 들고 밤새 신방 앞을 지키기도 했습니다. 딸을 되찾으려는 여자의 가족이 들이닥칠 사태에 대비해 무장한 것이지요. 이렇게 간신히 결혼식을 치른 신랑은 납치해 온 신부의 가족을 피해 또 다른 마을에 잠시 숨어 지냈습니다. 이것이 honeymoon의 시작입니다. 한국도 비슷하게 여자를 보쌈해 오는 풍습이 있었지요.

무시무시한 유래를 지닌 honeymoon은 서로 다른 정부나 조직 간의 <u>우호 관계</u>나 <u>밀월 기간</u>을 가리키기도 합니다. 이를테면 합병으로 맺어진 두 회사, 하나의 정당으로 합친 두 정당의 밀월 기간을 honeymoon이라고 표현하죠. 하지만 관계의 속성상 honeymoon이 영원히 지속될 순 없겠죠?

The honeymoon between the state and the Islamic groups started to disintegrate. (정부와 이슬람 단체들 간의 우호 관계가 붕괴되기 시작했다.)

중세 서양 사람은 집을 생활공간일 뿐 아니라 인간의 몸이 확대된 공간이라고 여겼습니다. 집도 인간처럼 존엄한 존재로 여기며, 남의 집을 범하는 것은 죽음으로 다스려야 할 죄라고 생각했죠. 집은 가장이 지배하는 영역으로 가족이 중죄를 지어 명예를 상실하거나, 누군가 집 안에서 폭행을 당하면 집을 파괴하기도 했다고 해요. 집이 사람의 몸과 영혼을 의탁하는 안식처이자 피난처라는 점을 생각하면 조금은 이해가 되긴 합니다만 지금보다도 훨씬 신성시됐나 봅니다.

house의 대표적인 뜻은 집과 식구입니다. the house of Hanover(하노버 왕가)에서 알 수 있듯이 가문, 특히 왕족이나 명문가도 house라고 합니다.

특정 사업을 하는 회사, 기관이라는 뜻도 있습니다. a fashion house는 의류 회사, publishing house는 출판사를 가리키는 단어입니다. in-house magazine은 회사에서 발행하는 사내 잡지라는 뜻으로 "I work in-house."는 재택근무가 아니라 회사에 출근해서 근무한다는 표현이지요.

a steak house는 스테이크 식당을 가리킵니다. 식당도 house라고 해요. 요즘은 cafe라고 부르지만 과거 영국에는 coffee house라는 상호가 굉장히 많았습니다.

소문자 h를 대문자로 바꾸어 볼까요? House는 <u>의회</u>입니다. 영국과 미국은 영어권 국가이지만 표현은 조금씩 다른데요. 영국에서는 상원과 하원을 the House of Lords, the House of Commons라고 하지만 미국에서는 각각 the senate, the House of Representatives라고 합니다. 구분해서 외워 두세요.

마지막으로 house는 <u>청중</u>을 뜻하기도 합니다. audience와 같은 뜻이지요.

The dog you brought a few days ago barked all night and woke the whole house. (네가 며칠 전에 데리고 온 개가 밤새 짖는 바람에 식구들이 다 깼다.)

The rock band played to a full house. (그 밴드는 관객으로 가득 찬 극장에서 공연했다.)

농담이나 익살을 뜻하는 humor는 한국어처럼 친숙하게 쓰이는 단어입니다. 재치 있는 유머는 지루한 일상에 활력을 불어넣는 비타민 같은 역할을 하지요.

요즘은 유머 감각을 사회생활을 위한 하나의 능력이라고 보는 추세입니다. 취업 면접을 볼 때 적절하게 유머를 구사하면 다른 지원자보다 높은 점수를 받는다는 설문 조사 결과도 있었습니다. 친구나 연인 등 나와 가까운 사람의 유머 감각이 뛰어나다면 더할 나위 없이 좋겠지요.

humor를 동사로 활용하면 우리의 짐작과 상당히 다른 뜻이 됩니다. 동사이므로 '웃기다'라고 생각하기 쉽지만 정답은 ~의 비위를 맞춰 주다입니다. 이 뜻을 그대로 살린 "Humor me!"라는 표현은 상대방에게 바보 같거나 의미 없어 보이는 일이지만 그래도 해 달라고 할 때 씁니다. 명사에서 한 단계 더 나아간 동사의 뜻을 알아 두면 활용할 수 있는 문장도 늘어나지요.

She thought it best to humor the boss rather than get into an argument. (그녀는 상사와 언쟁을 벌이느니 비위를 맞춰 주는 게 최선이라고 생각했다.)

A: Honey, come check out my new robot dance.

B: Darling, I'm so busy right now. I will do that later.

A: Please, humor me!

A: 여보, 와서 내가 새로 개발한 로봇 댄스 좀 봐 줘.

B: 지금은 너무 바빠. 이따가 볼게.

A: 제발, 좀 봐 줘!

유머라는 단어를 생각하면 광대가 연상됩니다. 셰익스피어의 희극에는 항상 우스꽝스러운 행동으로 왕족과 귀족을 즐겁게 해 주는 광대가 등장하죠. 일설에 따르면 광대는 단지 웃음을 선사하려고 왕실을 방문한 건 아니었습니다. 중세 초기에는 난쟁이를 광대로 만드는 경우가 많았는데 신을 닮은 인간과 다른 형상을 가진 존재를 통해 인생무상을 깨닫고 죄를 짓지 않기 위해서였다고 합니다. 중세와 달리 현대의 광대라고 할 수 있는 코미디언은 힘든 일상에 지친 우리에게 웃음을 주는 중요한 일을 하고 있지요.

invite는 초대하다라는 뜻으로 자연스럽게 생일파티와 연결되는 단어입니다. 요즘 아이들은 유치원에서 초대장도 쓰고 선물도 준비하며(물론 부모가 순비하시만) 즐거운 추억을 만들어 가고 있죠.

저는 이 단어를 보면 동화『잠자는 숲속의 공주』가 생각납니다. 공주의 생일파티에 초대받지 못해 앙심을 품은 마녀가 공주에게 열여섯 번째 생일날 바늘에 찔려 죽을 것이라는 저주를 내리잖아요. 물론 공주가 죽는 일은 결코 일어나지 않았고 해피엔딩이었지만, 저는 그보다 초대받지 못한 자의 슬픔, 서러움 같은 마음에 더 관심이 가더군요. 사람은 참 사소한 일에 마음을 다치는 여린 존재인가 봅니다. 제가 좋아했던 친구의 생일파티에 초대받지 못한 트라우마 때문에 이렇게 느낀 건 아니랍니다! 갑자기 admission by invitation only, 초대받은 사람만 입장할 수 있다는 야박한 말이 생각나는군요.

invite에는 정중하게 요청하다, ~을 초래하다, 자초하다라는 뜻도 있습니다. ~을 유혹하다, 매료하다라는 의미로도 사용되는데 여기서 나온 inviting은 유혹적인, 매력적인이라는 뜻으로 자주 쓰입니다.

The princess plans to invite everyone in her kingdom to her birthday party. (공주는 자신의 생일 파티에 모든 사람을 초대할 계획이다.)

He invited me to explain the reason why I want to borrow some money from him. (그는 나에게 왜 돈을 빌리려고 하는지 그 이유를 설명해 보라고 청했다.)

The baby's dance invited laughter from everyone in the room. (아기가 춤추는 모습에 방에 있던 모든 사람이 웃었다.)

This is an inviting opportunity to go abroad. (이건 외국으로 갈 수 있는 매력적인 기회야.)

영작을 하면서 invite의 잘 알려지지 않은 뜻을 익혀 보세요. 단어는 무작정 외우기보다 영작을 많이 해 보는 게 좋습니다.

얼마 전에 수제 잼ｊａｍ 세트를 선물로 받았습니다. 포장을 풀어 보니 정말 근사하더군요. 얼그레이 밀크(홍차) 잼, 베리잼, 다양한 과일을 혼합한 잼 이렇게 세 가지 잼이 작은 유리병에 담겨 있는 모습이 예쁘기도 했지만 홍차잼 한 스푼을 맛보니 달콤 쌉싸름하면서도 오묘한 맛이 아주 매력적이었습니다. 우리는 보통 잼을 빵에 발라 먹지만 러시아에는 따뜻한 홍차에 잼을 넣어서 섞어 마시는 풍습이 있다고 해요. 나라마다 잼을 즐기는 방식이 조금씩 다른가 봅니다.

ｊａｍ에는 먹는 잼 외에도 다양한 뜻이 있습니다. 도서관이나 사무실에서 복사를 하다가 종이가 걸리면 참으로 곤혹스러운데요. 기계에 무언가가 막히거나 걸려서 고장나다라는 의미로 ｊａｍ을 사용합니다. 기계가 아닌 도로가 막혔을 때는 교통 체증, 혼잡이라는 뜻이 되지요.

재즈 연주자가 악보 없이 즉흥으로 연주하는 즉흥 연주회도 ｊａｍ이라고 합니다. 비슷한 의미를 가진 단어 ｇｉｇ는 그날그날 필요에 따라 재즈 연주자를 섭외해서 진행하는 연주를 말합니다. 임시로 하는 일이라는 뜻으로 비정규직을 가리키는 표현으로도 쓰이지요. 4차 산업혁명 시대에는 프리랜서나 임시 계약직의 형태로 그때그때 수요에 따라 일을 하는 '기그 경제'ｇｉｇ ｅｃｏｎｏｍｙ가 이뤄질 것이라는 전망도 있습니다.

The photocopier jammed up again. (종이가 또 복사기에 걸렸다.)

There is a traffic jam on the road to Seoul. (서울로 가는 길이 꽉 막혔다.)

A: Why don't you come with me to next jam session? It would be fun.

B: Okay. That sounds great.

A: 다음 번 즉흥 연주회는 나와 함께 해 볼래? 재미있을 거야.

B: 그래. 그거 좋겠다.

프리랜서 번역가인 저는 밤늦게까지 일하느라 아침잠이 많은 편입니다. 독신이라면 아무래도 괜찮겠지만 아이를 키우기 때문에 늦잠은 치명적이죠. 마감을 맞추느라 밤을 꼴딱 새우고 잠든 바람에 아이도 덩달아 늦잠을 자서 지각한 경우가 부지기수입니다. 아침형 인간이 되고자 아침형 인간, 미라클 모닝, 마법의 시간 관리 같은 말이 제목으로 들어간 책을 수도 없이 사서 읽었지만 아침잠은 아직도 정복하지 못했습니다. 아침형 인간은 만들어지는 것이 아니라 태어나는 것이라고 굳게 믿고 있어요!

늦다, 지각하다라는 뜻을 가진 영어 단어는 late입니다. late에 ly를 붙여서 부사로 활용하면 최근에, 요즘에라는 뜻이 되지요. latest work는 최신작, latest news는 최신 뉴스를 가리키는 단어로 latest는 late의 최상급 표현입니다.

late는 최근에 작고한(사망한 후 20년에서 30년까지)이라는 의미로도 사용됩니다. 시사 프로나 뉴스, 신문에서 자주 볼 수 있는 표현이지요. 여기서 주의해야 할 점은 late가 전임자라는 뜻으로도 쓰인다는 점입니다. 문맥을 잘 보고 판단해야 합니다.

late

You are late again. What's your excuse this time?
(너 또 늦었구나. 이번에는 무슨 변명을 할 거니?)

The movie star says her latest movie contains some controversial scenes. (그 배우는 자신의 최신작에 논란이 될 만한 장면이 몇 개 들어 있다고 말했다.)

Thousands of mourners gathered in the cemetery to pay their respects to the late president. (수천 명의 조문객이 작고한 대통령에게 조의를 표하기 위해 묘지에 모였다.)

납lead은 고대부터 인류가 사용해 온 금속 중 하나입니다. 로마 제국을 멸망시킨 원인으로 제기된 금속이기도 하죠.

로마 제국의 상수도관과 각 가정으로 연결된 배수관의 소재가 납이었습니다. 로마 시민은 납이 녹은 물을 마시고, 납으로 만든 화로나 식기를 사용했어요. 특히 로마의 상류층이 즐겨 먹던 포도주나 시럽은 대부분 납 용기에 저장되었다고 합니다. 다양한 경로로 다량의 납을 섭취해, 정신 질환과 각종 질병을 일으키는 납 중독에 걸린 로마인이 로마를 파멸로 이끌었다는 이론은 상당히 흥미롭습니다.

lead에는 안내하다, 이끌다, 선두를 달리다라는 뜻도 있습니다. 명사로 쓰일 때는 몇 가지 흥미로운 뜻을 가집니다. 우선 스릴러 소설이나 영화에서는 사건의 실마리, 단서라는 의미로 자주 등장합니다. 연극이나 영화의 주인공을 가리키기도 하지요. 뉴스 기사의 머리글, 도입부, 톱뉴스도 lead라고 합니다. lead의 내용에 따라 짧은 시간 안에 독자의 시선과 관심을 끌 수 있을지 여부가 결정되기 때문에 기자는 lead 잘 쓰는 연습을 많이 한다고 해요.

She led me the way to the library. (그녀는 내게

도서관으로 가는 길을 안내해 주었다.)

China now leads the world in population. (중국의
인구수는 세계 최고다.)

The police are searching for all possible leads. (경찰이
가능한 모든 단서를 추적하고 있다.)

Who is playing the lead in that play? (그 연극의 주인공은
누구죠?)

"수준 안 맞아서 같이 못 다니겠네." 아침 드라마를 보면 이런 대사가 종종 나옵니다. 나같이 잘난 사람은 너같이 하찮은 사람과는 못 놀겠다는 말이죠. 수준 운운하는 것 자체가 수준이 높지 않은 사람임을 보여 주는 말 아닐까요?

level은 정도, 수준이라는 뜻으로 잘 알려져 있지만 평평한, 공평한이라는 의미만 제대로 알아 두어도 다양한 상황에서 폭넓게 활용할 수 있는 단어입니다.

2016년 한 해를 정의하는 단어는 '금수저'와 '흙수저', '기울어진 운동장'이었습니다. 운동장이 평평해야 공정한 게임의 장이 되는데 한쪽으로 기울어져 있다면 게임 자체를 제대로 할 수 없겠죠? 기울어진 운동장을 바로잡아 a level playing ground(공평한 경쟁의 장)로 만들려면 시민의 의식 역시 깨어 있어야 합니다.

level에는 (물건을) 넘어뜨리다, (건물을) 철거하다, 관점이나 입장이라는 뜻도 있습니다.

일상적인 회화에서 자주 등장하는 level with는 솔직히 말하다, 털어놓다라는 의미입니다.

A: Is it true that you're going to be a president?

B: All right. I'm going to level with you.

A: 네가 회장이 된다는 말이 사실이야?

B: 좋아, 내가 사실대로 말할게.

The city was leveled in the bombing. (그 도시는 폭격으로 인해 폐허가 되었다.)

On a personal level, I agree with his opinion, but I have to represent each member of the group. (개인적으로는 그의 의견에 찬성하지만 나는 그룹 전체의 의견을 대표해야 한다.)

세계 최초의 잡지magazine는 1663년 독일에서 출간된 문학과 철학 잡지입니다. magazine이라는 명칭은 1731년 영국 런던에서 발행된 『젠틀맨스 매거진』The gentleman's magazine의 편집장 에드워드 케이브가 처음으로 사용했지요. 『젠틀맨스 매거진』은 사냥, 야외 활동 등 신사의 관심사와 취미에 초점을 맞춰 제작한 잡지였습니다.

요즘은 서점에 가면 십인십색이라는 말처럼 다양한 사람의 다양한 관심사를 다룬 잡지가 눈에 띕니다. 그 시대의 유행과 문화를 읽어 내기에는 잡지만 한 매체가 없는 것 같습니다.

magazine에는 무기고라는 뜻도 있습니다. 곡식을 보관하는 창고라는 뜻의 아랍어 makhāzin에서 유래했다고 해요. 잡지와는 동떨어진 의미 같지만 무기나 곡식을 보관하는 곳이 지식이나 정보를 보관한다는 뜻으로 확장된 것이지요.

한편 탄알을 재어 두는 탄창도 magazine이라고 합니다. 마찬가지로 물건을 보관한다는 의미가 담겨 있죠. 이러한 의미 덕분에 magazine은 스릴러 소설이나 영화에도 자주 등장하는 단어입니다. empty magazine은 탄창을 비우다라는 의미지요.

Five empty magazines were found near the scene of a

crime. (범죄 현장 근처에서 텅 빈 탄창 5개가 발견됐다.)

magazine을 잡지로만 생각하면 소설이나 영화의 총격전 장면에서 오역을 하게 됩니다. 단어의 다양한 뜻을 숙지하는 것이 중요한 이유입니다.

고대에는 여성과 남성 모두 매니큐어manicure를 즐겼습니다.
특히 문명이 발달한 이집트와 중국에서는 기원전 3000년경
에 이미 매니큐어를 칠하는 풍습이 존재했고 색에 따라 사회
계급과 지위를 구분할 수 있었다고 합니다.

중국에서는 검정과 빨강, 금색이나 은색 매니큐어가 왕족을
상징했습니다. 이집트에서는 빨간색이 최고 계급을 의미했
고 클레오파트라 여왕도 짙은 빨간색 매니큐어를 즐겨 발랐
다고 합니다. 남성의 매니큐어는 주로 고위층 전사 사이에서
성행했습니다. 이집트나 바빌로니아, 고대 로마군의 대장은
전투를 앞두고 몇 시간씩 머리를 말고 립스틱과 색을 맞춰
매니큐어를 칠했다고 합니다. 공들여
꾸민 그 시대 남성의 모습이 정말
궁금해요.

당시의 하층 계급에게는 옅은
색만 바르도록 허용됐습니다. 깔
끔하게 다듬고 화려한 색을 입힌
손톱은 육체노동을 하는 평민과 궂은
일을 하지 않는 귀족을 구별하는 수단이었던 것이지요. 매니
큐어는커녕 항상 자판을 두드리며 손톱을 깨무는 몹쓸 습관
까지 있는 제가 과거로 간다면 어떤 계급에 속하게 될까요?
손톱 손질, 손톱에 바르는 화장품, 손톱 손질을 해 주는 사람
모두 manicure에 담긴 뜻입니다. 손톱이 아닌 정원을 손질

<u>하다</u>라는 뜻도 있습니다.

My wife tends to have a manicure whenever she gets
mad at me. (아내는 내게 화가 날 때마다 손톱 손질을
받는다.)

Our neighbor has well-manicured lawns. (이웃의 잔디는
손질이 잘돼 있다.)

고대에는 왕족과 귀족만 손톱 손질을 받았지만 지금은 누구
나 가볍게 즐기는 생활 속의 작은 사치로 네일숍에서 손톱
손질을 받지요. 매니큐어를 바르면서 '손톱뿐 아니라 정원이
나 잔디 손질을 한다는 뜻도 있었지'라고 떠올려 보세요. 단
어는 일상의 사물을 연상하며 외우면 더 재미있어집니다.

I의 소유 대명사 mine에는 광산이나 갱, 광물질을 채굴하다라는 뜻이 있습니다. mine out이라고 하면 천연자원을 고갈시키다라는 의미죠.

악마의 무기로 일컬어지는 지뢰도 mine입니다. 지뢰는 미국의 남북전쟁 당시 처음 등장했으며 제1차 세계대전에서는 장갑차와 전차를 파괴하는 대전차지뢰가 사용됐습니다. 베트남 전쟁 이후 게릴라전을 목적으로 한 대인지뢰가 등장하면서 지뢰의 역할은 한층 더 악랄해지지요. 대인지뢰는 인간의 생명을 앗아가기보다는 신체에 큰 부상을 입히는 것을 목적으로 합니다. 한 사람이 다치면 두 사람이 양쪽에서 어깨를 부축해 주는데, 이때 세 사람이 대열을 이탈하게 되므로 소수로 활동하는 게릴라에게는 치명적이었습니다. 또한 지뢰는 부상을 입은 군인에게 심리적으로도 큰 영향을 끼치고, 군인보다 민간인을 더 많이 희생시킨 비인도적인 무기입니다. 현재 전 세계에 매설된 지뢰는 I억 개가 넘는다고 합니다. 지뢰 한 개는 고작 3달러에 불과하지만 지뢰 한 개를 제거하는 데 들어가는 비용은 300달러에서 1,000달러에 이르지요. 그래서 지뢰를 '가난한 자의 무기'라고도 부르나 봅니다.

지뢰와 관련된 표현으로는 strike a mine(지뢰를 건드리다), step on mine(지뢰를 밟다)이 있습니다.

마지막으로 mine은 은밀한 방법으로 정권이나 사람을 해치다, 파괴시키다라는 의미로도 쓰입니다.

The area has been mined for gold for several years.
(그 지역에서는 몇 년 동안 금이 채굴되고 있다.)

Excessive drinking has mined his health. (그는 과도한
음주로 건강을 잃었다.)

The new recruit stepped on the mine by chance.
(그 신병은 실수로 지뢰를 밟았다.)

최초의 인류는 웅덩이나 호수 같은 잔잔한 물의 표면을 거울 <u>mirror</u>로 삼았습니다. 그리스 신화에  나오는 사냥꾼 나르키소스는 물에 비친 자신의 얼굴에 반해 사랑에 빠졌지요. 당시 거울이 있었더라면 나르키소스는 사냥을 갈 때도 손에서 거울을 놓지 않았을 겁니다.

인류가 만든 최초의 거울은 터키의 고대 무덤에서 발굴된, 6,000년 전의 것으로 추정되는 흑요석 원반입니다. 고대에는 동, 청동, 은 등의 금속 거울을 사용했는데 그중 은이 내구성이 뛰어나고 얼굴에 바른 화장품의 색조를 그대로 비춰 주었다고 합니다.

16세기 베네치아에서 유리 거울이 만들어지면서 금속 거울을 대체해 나갔습니다. 당시 베네치아 부자는 펜던트에 보석 대신 유리 거울을 붙여서 목에 걸고 다녔다고 합니다. 다른 사람의 눈에 비친 자신의 이미지를 중시하여 시시때때로 확인하기 위해서였지요. 자신의 의견보다 타인의 시선을 더 중요하게 생각하는 점은 그때나 지금이나 크게 다르지 않은 것 같습니다. 페이스북이나 인스타그램에 쉴 새 없이 자신의 사진을 올리는 사람은 사진보다 그 아래에 달린 타인의 말에 더 신경 쓴다는 연구 결과도 나왔으니까요.

The cat saw himself mirrored in the window and tried to scratch it. (고양이는 유리창에 비친 자신의 얼굴을 보고 할퀴려고 했다.)

The fashion of the time mirrors the trend and people's interests. (패션은 그 시대의 트렌드와 사람들의 관심사를 반영한다.)

mirror에는 반영하다, 모범, 귀감이라는 거울 본연의 기능을 상징하는 의미도 있습니다. '아이는 어른의 거울이다'라는 격언은 미국의 작가 제임스 볼드윈이 한 말로 정확한 문장은 다음과 같습니다.

Children have never been very good at listening to their elders, but they have never failed to imitate them. (아이는 어른 말은 안 들어도 행동은 그대로 따라한다.)

[noʊt] ❶메모 ❷주목 ❸저명 ❹언급하다 ❺주석을 달다 ❻지폐

패션 관련 리얼리티 쇼를 보는데 쇼 호스트가 참가자들에게 주의 사항을 설명하면서 이렇게 말합니다. "Take note of what I'm going to say right now." 자막은 "지금부터 내가 하는 말을 잘 적어 둬요"라고 번역되었는데 조금 아쉬웠습니다. 번역가는 아마도 note의 뜻을 메모하다라고 외우고 있어서 이런 실수를 했을 겁니다. note에는 주의, 주목이라는 뜻도 있습니다. 숙어 take note of는 주목하다, 주의하다라는 뜻이죠.

note에는 언급하다, 저명하다라는 뜻도 있습니다. a man of note(유명 인사)는 여기서 나온 말입니다. 논문에 다는 주석이나 지폐bill도 note라고 합니다.

조향사는 시간의 흐름에 따른 향수의 향 변화를 노트note라고 표현합니다. 톱 노트top note는 향수를 뿌리고 처음으로 느끼는 향이지요. 30분에서 1시간 뒤에 드러나는 미들 노트middle note는 톱 노트가 증발하면서 향수 사용자 주변으로 은은하게 퍼지는 중간 향입니다. 베이스 노트base note는 두세 시간이 흐른 뒤에 느껴지는 잔향으로 사용자의 체취와 섞여 그 사람 고유의 향기를 발산합니다. 같은 향수라도 사람에 따라 다른 향기가 나는 이유지요.

It is worth noting that most of successful companies

value consumer opinions. (대부분의 성공한 기업은
소비자의 의견을 소중하게 생각한다는 점을 언급할 가치가
있다.)

[ˈnʌmbə(r)] ❶ 숫자 ❷ 번호 ❸ 노래(춤) ❹ 호

우리가 쓰는 아라비아 숫자number는 4세기경 인도에서 만들어졌습니다. 인도인은 당시에 이미 수 계산의 기초 개념인 자릿수, 진법 등을 사용했다고 합니다. 그래서인지 인도 출신의 수학 천재가 많죠. 숫자와 수 개념은 주로 무역을 하던 아라비아인이 가장 적극적으로 받아들이고 널리 전파시켰습니다. 유럽으로 퍼지면서 인도-아라비아 숫자가 확립됐습니다.

1번, 2번, 3번…… 번호도 number입니다. 운동 경기에서 진행자가 선수를 호명할 때 number one(1번 선수), number two(2번 선수), number three(3번 선수)라고 부르죠.

음악 오디션 프로그램에서 참가자가 노래를 부르고 심사위원이 평가를 할 때도 number를 사용하는데 이때는 여러 가지 가운데 하나의 노래 또는 춤이라는 의미입니

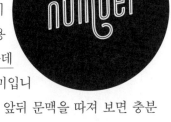

다. 단어의 뜻을 정확히 몰라도 앞뒤 문맥을 따져 보면 충분히 짐작 가능합니다. 맥락을 파악하면 단어의 의미도 쉽게 유추할 수 있지요.

number에는 신문이나 잡지의 호라는 뜻도 있습니다. 잡지『레몬트리』7월 호는 영어로 the July number of *Lemon tree*라고 쓰지요.

형용사와 나란히 쓰이면 <u>자동차나 드레스 같은 멋진 물건</u>이
라는 의미가 됩니다.

> The little girl was wearing a black velvet number. She
> was so adorable. (검은 벨벳 드레스를 입고 있는 꼬마
> 숙녀는 무척 사랑스러웠다.)

number도 다양한 의미로 활용되지요? 저는 학창 시절부터
숫자와 친하게 지낸 적은 없지만 number라는 단어의 뜻은
완벽하게 파악하고 있답니다.

observe는 목격하다, 관찰하다라는 뜻으로 잘 알려진 단어입니다. 1830년대 베를린에는 관찰과 관련된 아주 특이한 직업이 존재했습니다. 이 직업을 가진 사람들은 '가난한 사람을 관찰하고' 거리에서 구걸하는 이를 관리했다고 합니다. 1839년 경찰이 관찰 업무를 맡으면서 이 직업이 사라졌다고 해요. 흥미로우면서 오싹한 직업이 아닐 수 없습니다. 관찰하고 감시하는 일은 주로 사법 체계 안에서 일어납니다. 냉전 시대의 비밀경찰이 주로 맡았던 일이기도 하죠.『타인의 삶』은 동독 비밀경찰의 감시를 소재로 한 영화입니다. 한 비밀경찰이 동독의 극작가와 그의 연인인 배우를 감시하는 임무를 수행하다가 그들의 삶에 감응하고 인간적으로 변하는 과정을 그려 낸 감동적인 작품이었어요. 무언가를 관찰하고 주시하는 일이 인간에게 미치는 여파는 생각보다 큰 것 같습니다.

observe는 법을 지키다, 축제나 생일을 기념하다, 의식을 거행하다라는 뜻으로도 쓰입니다. 관찰한 내용에 대해 격식을 차려서 말하다라는 의미도 있지요.

I have to observe law as a policeman. (난 경찰이니까 법을 지켜야 한다.)

Do Koreans observe Christmas? (한국 사람도
크리스마스를 기념하나요?)

He observed that I went too far. (그는 내가 지나쳤다고
말했다.)

order는 쓰임새가 다양한 단어라서 제대로 익히기 쉽지 않
지만 일상생활에서 한국어처럼 사용하는 익숙한 단어이기도
합니다.

한국 드라마에서 회사원인 주인공
이 거래처에 주문을 넣을 때 "그
상품은 40개 오더해"라고 말하
더군요.

주문을 영어로 order라고 합니다.
take orders는 주문을 받다라는 숙
어이지요. 순서, 질서, 치안이라는 뜻도 있습니다. 법정 영화의
재판 장면을 보면 방청객이 떠들거나 소란을 일으킬 때 판사
가 망치를 탕탕 두드리면서 "Order!"라고 외칩니다. "Order
in the court!"를 줄인 말로 정숙하세요, 질서를 지키세요라
는 뜻입니다. 명령, 지시라는 의미로도 많이 쓰입니다. pres-
idential order는 대통령의 명령을 뜻하죠.

종교와 관련된 문장에서 order에 s를 붙인 orders는 성직
을 가리킵니다. 이때 숙어 take orders는 성직에 오르다라
는 뜻이 되지요. the Benedictine Order(베네딕트 수도회)
처럼 수도회라는 의미와 훈장이라는 의미로 쓸 때는 대문자
O를 사용해야 합니다. 헷갈리기 쉽지만 잘 기억해 두세요.

쉬워 보이는 단어지만 알아야 할 뜻이 만만치 않지요? '순서
대로 명령하고, 주문하고, 질서를 지키면, 수도원에서, 훈장

을 받는다.' 이렇게 order의 뜻을 문장으로 엮어서 외우는
것도 단어를 익히는 하나의 방법입니다.

Put those files in the cabinet in alphabetical order.
(그 파일들을 알파벳 순서대로 캐비넷에 넣어라.)

I only take orders from my boss. (나는 내 상사의 지시만
받는다.)

역병, 전염병이라는 뜻을 가진 단어 plague에 정관사를 붙인 the plague는 흑사병(페스트)을 가리킵니다. 환자의 얼굴과 손발의 피부가 검게 변하는 증상 때문에 이러한 이름을 얻었습니다. 영국과 프랑스의 백년전쟁이 치열하던 1348년에 유럽 역사상 최악의 재앙인 흑사병이 창궐했고, 이 무서운 역병으로 인해 유럽 인구의 3분의 1이 목숨을 잃었습니다. 갑작스러운 질병의 정체를 알 수 없었던 당대 사람들은 병의 원인을 신의 분노라고 생각해 못을 박은 채찍으로 자신의 몸을 때리며 속죄 의식을 행하거나 상대적으로 피해를 덜 입은 유대인을 공격하기도 했습니다.

한편 흑사병으로 인해 노동인구가 급격히 감소하면서 중세 영주는 농원을 유지할 수 없게 됐습니다. 사람들은 새로운 일자리를 찾아 도시로 몰려들었죠. 이런 식으로 유럽의 봉건제도도 붕괴되어 갔습니다. 쥐를 숙주로 삼은 벼룩이 퍼뜨리는 페스트균이 봉건제도를 무너뜨리다니 역사의 아이러니가 아닐 수 없습니다.

plague는 무서운 괴질이기에 재앙, 천재, 불운을 가리키는 단어로도 사용됩니다. 어떤 지역에 갑자기 수많은 동물이나 곤충이 나타나서 큰 손해를 끼치는 것도 plague라고 하지요. a plague of rats는 쥐 떼가 몰려왔다는 뜻입니다. 『하멜른의 피리 부는 사나이』는 쥐 떼에 관한 유명한 이야기입니다. 독일의 도시 하멜른 사람들은 쥐 떼로 골치를 앓았습니다. 어느 날 낯선 남자가 나타나 쥐를 없애 주는 조건으로 정부와 계약을 맺지요. 그는 피리를 불어 쥐 떼들을 도시에서 몰아내지만 정부가 약속한 돈을 지불하지 않자 다시 피리를 불어 아이들을 데리고 사라진다는 내용입니다. 동화 속 아이들은 어디로 사라졌을까요?

plague에는 ~을 괴롭히다, 성가시게 하다라는 의미도 있습니다. 전염병, 재앙을 나타내는 단어가 괴롭힌다는 뜻으로도 쓰인다니 재미있죠? 나를 괴롭히는 것들을 떠올리며 plague를 사용한 문장을 만들어 보세요.

I have been plagued by a severe migraine for several years. (나는 몇 년 동안 심한 편두통으로 고생해 왔다.)

Korean movie stars are plagued by autograph hunters. (한국 영화배우들이 사인을 해 달라는 사람들에게 시달리고 있다.)

날마다 "Don't Panic."(겁먹지 마)이라고 말하게 되는 상황이 늘고 있습니다. 경주에서 발생한 지진으로 한국도 더 이상 지진과 무관한 나라가 아니라는 사실을 알게 되면서 사람들의 불안 지수는 껑충 뛰어 올랐죠. 인터넷 사이트에서 panic이라는 단어를 검색하면 전 세계 사람들이 일상적인 공포와 경악의 시대를 살고 있다는 생각에 한숨이 절로 나옵니다.

panic의 어원은 그리스 신화에서 유래합니다. 반인반수로 염소의 뿔과 다리를 가진 목신 판pan은 느닷없이 소리를 지르거나 뛰어다녀서 숲속을 지나가는 사람들을 놀라게 했다고 합니다. 여기서 panic의 공황, 공포, 겁에 질려 어쩔 줄 모르다, 공황 상태에 빠지다라는 뜻이 나왔습니다. 하지만 마라톤 전투에서는 페르시아군을 도망가게 만들었기 때문에 그리스인은 판 신을 전쟁을 승리로 이끈 신으로 떠받들기도 했습니다.

고대의 판은 전쟁터에 출몰했지만 현대의 판은 전쟁터만큼 무서운 금융계에 나타났습니다. 금융 공황도 panic이라고 합니다. 한국도 1997년 IMF 사태로 충분히 panic을 경험했죠. 공황 상태에서 이성을 잃고 사재기를 하거나 팔아 치우는 행위를 panic buying, panic selling이라고 표현합니다.

금융 공황, 실업, 지진, 메르스, 유해 화학제품 등 갖가지 위험에 노출되면 불안 증세가 깊어지고 공황 장애에 걸릴 가능성이 높아집니다. 공황 장애는 panic disorder, 공황 발작은 panic attack입니다.

신에게 모든 것을 의탁한 과거와 달리, 믿고 의지할 대상이 사라진 현대인은 일상적으로 불안을 느낀다고 합니다. panic disorder에 걸리지 않도록 평소 스트레스 관리를 잘 하면서 마음 다스리는 연습을 해 두면 좋겠습니다. 영어 단어가 잘 외워지지 않는다고 너무 스트레스 받지 마세요!

When an earthquake struck the country, people were in a state of panic. (지진이 발생했을 때 사람들이 공황 상태에 빠졌다.)

종이paper의 선조라고 할 수 있는 파피루스는 어떻게 만들어 졌을까요? 고대 이집트에서는 파피루스의 줄기를 베어 껍질 을 제거한 뒤 세로로 얇게 잘랐습니다. 잘라 낸 줄기를 나란 히 붙여 놓고 나일 강의 진흙물을 부어 두들긴 다음 무거운 돌로 눌러 뒀다고 합니다. 이것을 말리면 파피루스 종이가 완성됐지요. 엄밀히 말해서 종이라고는 할 수 없지만 이 방 법이 고대 이집트에서 그리스, 이탈리아로 전해졌습니다. 중 국의 제지법이 유럽에 다다르기 전까지는 양피지가 널리 사 용되었죠.

고대 중국에서는 마와 같은 식물의 섬유로 종이를 만들었다 고 합니다. 이후 닥나무와 뽕나무 등이 종이의 새로운 재료 로 사용되었지요. 중국의 제지법은 한 반도를 거쳐 일본으로 전해졌습니 다. 일본은 여기에 자국의 기술을 더해 튼튼한 화지를 만들었지요. paper에는 시험문제나 시험지, 리포트라는 뜻도 있습니다. 한국에 서는 대학 과제를 리포트라고 하지만 영어로는 paper라고 합니다. 서류, 문서라는 의미로도 쓰입 니다. 정부가 발간하는 문서는 white paper(백서), 문서 업 무는 paper work라고 해요. 벽지, 신문도 paper라고 합니 다. 신문은 newspaper로 잘 알려져 있지만 paper 역시 신문이라는 뜻입니다.

이처럼 paper는 종이를 소재로 한 여러 사물을 가리키는 단어입니다. 그런데 형용사로 활용하면 <u>명색뿐인</u>, <u>실시되지 않는</u>이라는 의미가 됩니다. 현실성 없는 논의를 paper plan(탁상공론)이라고 하지요.

I read about the horrible car accident in the paper. (나는 신문에서 그 끔찍한 자동차 사고 기사를 읽었다.)

The paper was peeling off the wall in my room. (내 방 벽지가 벗겨지고 있다.)

passion

[ˈpæʃn] ❶열정 ❷욕정 ❸격노 ❹예수의 수난

열정passion은 꿈과 짝을 이루는 단어입니다. 그래서인지 한때 '열정을 다하면 꿈이 이뤄진다'는 말이 성공의 만트라로 여겨지기도 했죠. 허나 언제부터인가 열정이라는 단어를 떠올리면 꿈이나 행복과 관련된 긍정적인 감정보다는 '열정 페이', '노력의 배신' 같은 부정적인 이미지가 반사적으로 떠오릅니다. 참 씁쓸한 일이죠. 이 단어가 어떤 일에 열렬한 애정을 가지고 열중하는 마음이라는 본래의 뜻을 되찾고 다시 날개를 달았으면 합니다.

passion은 격정, 욕정이라는 뜻으로도 자주 쓰입니다. a crime of passion은 격정의 범죄일까요, 아니면 욕정의 범죄일까요? 답은 치정 범죄입니다. 남녀 간의 복잡한 감정이 원인이 돼서 발생한 범죄를 가리킵니다.

질투에 이성을 잃은 주인공이 등장하는 가장 유명한 치정 드라마로 셰익스피어의 5막 비극인 『오셀로』를 뽑고 싶습니다. 베네치아 공국 원로의 딸 데스데모나는 아버지의 반대에도 불구하고 흑인 장군 오셀로와 사랑에 빠져 결혼합니다. 하지만 오셀로는 부하 이야고가 벌인 간계에 넘어가 데스데모나가 자신의 부관인 캐시오와 밀통한다고 믿고는 아내를 살해합니다. 나중에 진실이 밝혀지자 비탄과 회한에 빠져 자살하지요. 『오셀로』는 사랑과 질투라는 인간의 원색적인 감정을 적나라하게 묘사한 비극입니다. 질투에 눈이 먼 사람의 감정

변화가 궁금하다면 이 작품을 추천합니다.

대문자를 사용해 the Passion이라고 표기하면 예수의 수난에 관한 이야기나 그림, 극을 가리킵니다. 2004년에 개봉한 멜 깁슨 감독의 영화 『The Passion of the Christ』(패션 오브 크라이스트)가 바로 예수의 수난에 관한 영화였지요. 한국에서는 영어 독음을 제목으로 사용했는데, 아마도 '예수의 수난'이라는 번역보다는 영어 제목을 그대로 읽는 것이 더 대중적이라고 판단했던 모양입니다. 하지만 예수의 열정에 관한 영화라고 생각한 사람도 있지 않았을까요?

마지막으로 열중하는 마음뿐만 아니라 열정적인 취미 활동도 passion이라고 합니다.

I recently read a detective story. It was about a man who committed a crime of passion. (나는 최근에 탐정 소설을 한 권 읽었다. 치정 범죄를 저지른 한 남자에 관한 이야기였다.)

My husband has a passion for collecting toy figures. He spends quite a fortune on them. (남편은 피규어 장난감을 수집하는 취미가 있다. 거기에 막대한 돈을 쏟아붓고 있다.)

17세기 유럽에서는 천연두가 맹위를 떨치면서 수천 명이 죽었고 다행히 살아남은 사람의 얼굴에는 곰보 자국이 남았습니다. 대부분의 유럽 사람 얼굴에 흉터가 생기면서 자국을 가리고 시선을 분산시키는 별, 초승달, 하트 모양의 패치가 인기였다고 합니다. 비단이나 벨벳으로 만든 패치는 시간이 흐르면서 신호를 보내는 수단이 되었습니다. 위치에 따라 여성의 입가에 붙이면 바람을 피우고 싶다, 오른쪽 뺨은 기혼, 왼쪽 뺨은 약혼 중, 눈가는 정열을 상징했지요. 당시 유럽은 정략결혼의 시대였는데 패치 하나를 붙이고 연애의 신호로 사용했다니 흥미로운 이야기입니다. 우두접종법이 발견되면서 천연두는 사라지고 패치는 멋을 부리는 도구로 변했다고 해요.

이러한 역사 때문인지 patch에는 애교점이라는 뜻이 있습니다. 상처에 대는 안대, 옷의 해진 부분에 덧대는 헝겊이나 땜질용 금속 조각도 patch라고 합니다. 금연을 결심한 사람이 몸에 붙이는 패치는 니코틴 패치nicotine patch라고 하죠.

컴퓨터 용어 patch는 프로그램을 수정할 때 사용하는 작은 프로그램입니다. 채소나 과일을 기르는 작은 땅도 patch라고 하지요.

I always have a thing for a guy who has a black patch over one eye. (나는 검은 안대를 쓴 남자에게 늘 관심이 간다.)

I have to follow the instruction to download the patch. (나는 그 패치를 내려받으라는 지시를 따라야 한다.)

My grandmother wants to have a vegetable patch in her house. (할머니는 댁에서 텃밭을 가꾸고 싶어 하신다.)

후추pepper는 페르시아를 통해 지중해 세계로 전해졌습니다. 고대 그리스인은 후추를 희귀한 의약품으로, 로마인은 요리의 양념으로 사용했다고 합니다. 로마가 이집트를 정복하면서 후추 무역도 번창했습니다. 로마의 귀족은 매년 5천만 세스테르티우스를 후추 대금으로 지급하며 돈을 흥청망청 써댔지요. 로마의 미식 역사는 유명합니다. 하지만 제국의 몰락과 함께 후추 열풍도 막을 내리고 말았지요.

중국은 이란 상인과의 무역을 통해 후추를 들여왔습니다. 수입량이 많지 않았던 초기에는 불로장생, 정력 증진 등에 특효가 있는 약재로 취급하다가 송나라 이후에는 양념으로 사용하기 시작했다고 합니다. 인도와 자바산産 후추 무역이 활발해지면서 다량의 동전을 후추 대금으로 지불했던 중국에는 한때 동전이 부족해지는 사태가 발생하기도 했습니다.

pepper는 고추라는 뜻으로도 쓰입니다. red pepper는 김치를 담는 재료인 고춧가루, red pepper paste는 고추장, green pepper는 피망을 가리키는 단어입니다. 원산지가 남아메리카인 피망은 고추의 한 변종으로 맵지 않고 단맛이 강해서 샐러드 재료로 사랑받고 있습니다.

신랄한 비평, 혹평도 pepper라고 합니다. 고추처럼 톡 쏘는 말을 한다

고 상상하면 기억하기 쉽습니다. 원기, 활력이라는 뜻도 있습니다. 후추를 처음 본 중국에서 정력 증진에 효과가 있는 약재라고 생각한 것과 연관된 뜻인지도 모르겠습니다.

pepper를 동사로 사용하면 후추를 치다, 질문이나 비난, 탄환을 퍼붓다, 신랄한 맛을 가미하다라는 뜻으로 쓰입니다. 음식의 양념으로 후추를 치는 것과 같은 맥락입니다.

I like to pepper and salt the baked potatoes. (나는 구운 감자에 후추와 소금을 뿌려 먹는 걸 좋아한다.)

He peppered his students with difficult questions. (그는 학생들에게 어려운 질문을 퍼부었다.)

요즘은 다양한 의복에서 흔히 볼 수 있는 주머니pocket의 역사는 파란만장합니다. 중세 유럽에는 17세기 후반에 주머니가 부착된 남성복이 등장했는데 여성복에는 주머니가 아예 없었습니다. 주머니가 필요한 여성은 헝겊 주머니를 치마와 속치마 사이에 끈으로 동여매는 수밖에 없었지요. 밖에서 치마를 들추며 물건을 넣었다 빼는 것은 어려운 일이었습니다. 19세기 초에 몸매를 드러내는 얇은 소재의 드레스가 유행하면서 여성들은 주머니 대신 손가방을 들고 다니기 시작했습니다. 여전히 주머니가 달린 여성복은 존재하지 않았지요. 당시 상류층 여성은 작고 예쁜 손가방을, 가난한 여성은 큰 가방을 들고 다녔습니다. 19세기 중반이 되어서야 여성복에도 물건을 넣을 수 있는 주머니가 달려 나왔고 20세기 들어 여성도 주머니가 달린 바지를 입게 됩니다. 제1·2차 세계대전을 겪으면서 여성의 사회 진출이 활발해졌고 자연스레 편리한 옷을 중시하게 된 것이지요.

pocket에는 옷의 (호)주머니뿐 아니라 자동차 문이나 가방에 달린 작은 주머니, 야구 글러브의 우묵한 곳, 당구대의 구멍이라는 뜻도 있습니다. 지갑이나 소지금을 가리키기도 하지요. pocket money는 용돈, 푼돈, pickpocket은 주머니나 가방을 뒤져 돈을 훔치는 소매치기를 가리키는 단어로 함께 외워 두면 좋은 표현입니다. 주머니 사정, 착복하다, 횡령하다라는 뜻도 있습니다. 한국에서는 '주머니가 얇다', '주머니 사정이 좋지 않다'라는 식으로 경제 형편을 주머니에 빗대어 말하곤 하는데 영어권 국가에서도 마찬가지인가 봅니다.

He has a deep pocket thanks to his rich father. (그는 아버지 덕에 돈이 많다.)

The politician pockets a bribe from a few businessmen regularly. (그 정치가는 정기적으로 몇 명의 사업가로부터 뇌물을 받는다.)

pocket은 휴대용의, 소형의라는 의미로도 쓰입니다. 지금은 스마트폰으로 모르는 단어를 언제든지 찾아볼 수 있지만 한때 일반 사전보다 가벼운 a pocket dictionary(휴대용 사전)를 들고 다니던 시절도 있었습니다.

post는 우편, 우편물이라는 뜻을 가진 친숙한 단어입니다. 자동으로 우체국post office이 떠오르기도 하죠. 요즘은 우체국에 갈 것도 없이 이메일이나 스카이프로 실시간 의사소통이 가능하지만, 종종 멀리 있는 보고픈 이에게 편지를 보내러 우체국에 가던 시절이 떠오릅니다. "그립다고 써 보니 차라리 말을 말자 / 그저 긴 세월이 흘렀노라고만 쓰자" 안치환의 노래 「편지」를 들으며 잠시 추억에 잠겨 봅니다.

그림 엽서postcard는 프랑스에서 1870년에 최초로 발행된 이후 유럽 전역으로 빠르게 확산됐습니다. 1891년에는 마르세유의 한 상인이 사진을 담은 엽서를 만들었다고 합니다. 저는 해외여행을 갈 때마다 그곳의 아름다운 풍광이 담긴 사진엽서를 수집해요. 엽서는 여행지의 추억이 담긴 가볍고 좋은 기념품입니다.

post는 조직 내의 지위나 근무부서를 가리키거나 기둥, 골대라는 의미로도 쓰입니다.

흔히 블로그 같은 소셜 네트워크 서비스에 포스팅posting 한다고 하지요? 게시판에 공고하다, 인터넷에 정보를 게시하다라는 뜻에서 나온 표현입니다. 단어의 대표적인 의미 외에도 다양한 뜻을 알아 두세요.

I have been holding that post for 15 years. (나는
그 직책을 15년 동안 유지해 왔다.)

The fence posts collapsed due to a strong earthquake.
(강진이 일어나서 담장의 기둥들이 무너졌다.)

['p3:rpl] ❶보라색 ❷자줏빛으로 되다 ❸고관의 지위 ❹화려한

제가 가장 좋아하는 색은 보라색입니다. purple은 보라색, 자주색, 심홍색crimson을 아울러 표현하는 단어이자 몹시 화가 나거나 흥분한 얼굴빛을 표현하는 붉으락푸르락하다라는 뜻으로 사용되는 단어지요.

purple에는 고관이 착용하는 자주색 예복, 추기경이나 주교의 직위, 왕위, 지위라는 뜻도 있습니다. 예부터 보라색은 성스럽고 고귀한 색으로 백성에게는 금지된 색이었기 때문이지요. 고대 서양에서는 성직자의 법복을 보라색으로 만들어 입었고, 솔로몬 왕은 예루살렘 성전을 장식하기 위해 장인을 불러 천을 자줏빛으로 물들이게 했다고 합니다. 보라색은 오랫동안 지배자의 색이라는 자리를 고수하다가 20세기에 이르러서야 보통 사람도 사용할 수 있게 되었지요. 그래서인지 purple에는 호화로운이라는 뜻도 있습니다. 문체가 화려하다라는 뜻으로도 쓰입니다.

색채 심리학자의 이론에 따르면 보라색은 하늘의 파란색과 피의 빛깔이 섞인 중간색이기 때문에 권위와 신성의 상징이 되었습니다. 보라색이 하늘의 뜻을 인간에게 전하는 자의 성스러운 이미지에 어울린다고 여긴 것이죠.

The teacher was purple with rage because a lot of student doze off during the class. (수업 중에 조는 학생들이 많아서 선생님 얼굴이 붉으락푸르락했다.)

저는 race라는 단어를 보면 반사적으로 토끼와 거북이의 경주가 떠오릅니다. 어렸을 때는 발 빠른 토끼가 꾀를 부리는 바람에 거북이에게 진다는 이야기가 너무 교훈적이고 지루하게 느껴졌어요. 세월이 흘러 돌이켜 보니 거북이처럼 속도가 느려도 포기하거나 자신에게 실망하지 않고 계속 나아가는 것은 정말 대단한 재능이라는 생각이 들더군요. 언어 공부 역시 거북이처럼 성실하고 멀리 내다보는 사람이 잘할 수 있습니다. 그러니 생각만큼 영어가 빨리 늘지 않아도 포기하지 마세요.

race

race가 시사 단어로 쓰이면 경쟁이라는 뜻이 됩니다. arms race(무기 경쟁)와 space race(우주 경쟁)는 과거 냉전 시대부터 지금까지 치열하게 계속되는 국가 간의 경쟁입니다. presidential race는 대권 경쟁, 즉 대통령 선거전을 가리키지요. 뉴스나 시사 기사에 자주 등장하는 용어이니 외워 두면 좋습니다. race를 the races라고 표기하면 경마라는 뜻입니다.

race에는 인종, 종족이라는 뜻도 있습니다. people of mixed race는 혼혈, racial discrimination은 인종 차별입니다. 1865년 미국에서 노예 제도가 막을 내린 후에도 흑인에 대한 인종 차별은 쉽게 사라지지 않았습니다. 법보다 사람들의 머릿속에 뿌리박힌 차별이 끈질기게 남아 있었죠. 사람들의 의식이 바뀌기 시작한 데는 1955년 몽고메리에 사는 로자 파크스라는 흑인 여성이 버스의 좌석 양보를 거부한 사건이 큰 영향을 끼쳤습니다. 당시는 대중교통의 좌석이 백인석과 유색인석으로 나뉘어 있던 시대였습니다. 퇴근길의 만원 버스에 백인 몇 명이 탑승하자 운전기사는 유색인석에 앉아 있던 로자 파크스를 포함한 흑인들에게 일어나라고 합니다. 하지만 로자는 더 이상 차별당하는 현실을 참지 않겠다는 마음으로 일어나지 않았고 경찰에 체포됩니다. 이후 흑인 사회에서는 대대적인 승차 거부 운동이 일어났어요. 그녀에겐 분리에 관한 법률 위반으로 유죄가 선고됐지만 보이콧은 멈추지 않았고 결국 1956년 11월 연방대법원에서 로자 파크스가 승리했습니다. 그렇게 버스 보이콧은 종결됐지만 그 파장이 다른 도시로 번져 나가면서 본격적인 흑인 시민권 운동이 힘을 받게 됐다고 합니다. 인종 차별은 옳지 않고 없어져야 마땅하지만 머릿속으로 생각만 해서는 절대로 현실이 바뀌지 않는다는 것을 로자 파크스가 행동으로 보여 준 것이지요.

We raced to the house for fun. (우리는 재미로 집까지 경주를 했다.)

My father took me to the races on Sunday. (아버지는 일요일에 나를 경마장에 데리고 가주셨다.)

빨간색 red 하면 무엇이 떠오르나요? 저는 빨강머리 앤이 생각납니다. 1908년에 발표된 캐나다 소설가 루시 모드 몽고메리의 소설 주인공으로, 원제는 『Anne of Green Gables』지만 한국에서는 애니메이션의 영향 때문인지 빨강머리의 사랑스러운 수다쟁이 소녀로 기억되고 있지요.

red는 빨간, 붉은이라는 뜻으로 색과 관련된 상태나 상황을 나타낼 때 자주 사용됩니다. 핏발이 서거나 눈이 충혈됐을 때, 화가 나거나 부끄러워 얼굴이 빨개졌을 때 red 라고 표현하지요. 유혈이 낭자하다라는 뜻도 있습니다.

고대 그리스인이나 에트루리아인은 용기, 용맹, 도전을 상징하는 빨간색으로 온몸을 물들인 채 전쟁에 나갔고 바다를 주름잡았던 바이킹 역시 전투에 나갈 때 돛대에 붉은 방패를 매달았다고 합니다. 바이킹의 후손인 덴마크 해병도 공격 신호로 붉은 깃발을 사용하지요.

과거 급진적인 혁명가들은 기존의 질서를 전복시키기 위해 피의 희생을 상징하는 붉은색 깃발을 들었습니다. 공산주의 국가인 러시아, 중국, 북한의 국기에도 붉은색이 들어가 있죠. 그와 대척점에 있는 국가에서는 붉은색에 빨갱이, 레드 콤플렉스 red complex 와 같은 부정적인 이미지를 부여했습니다.

지출이 수입보다 많아서 생기는 적자는 in the red라고 표현
합니다. 적자의 반대말인 흑자는 영어로 in the black이라고
쓴다는 것도 함께 알아 두세요.

Bill goes very red whenever he sees a girl. (빌은
여자아이를 볼 때마다 얼굴이 새빨개진다.)

A lot of Korean restaurants got into the red because of
fierce competition. (많은 한국 음식점이 치열한 경쟁 때문에
적자가 났다.)

remains는 동사 remain(남다)의 명사형으로 시체, 유골, 화석이라는 뜻입니다. remains에 얽힌 재미있는 이야기가 하나 있어요.

중세 교회는 라틴어로 미사를 집전했습니다. 라틴어를 모르는 일반 신도는 이해하기 힘든 교리나 설교보다는 눈에 보이는 성화나 성물에 더 관심을 가지게 되었지요. 그런 이유로 가톨릭교회는 성화와 성물을 다량으로 제작했습니다.

신과 인간을 이어 주는 성인의 유골을 성물로 숭배하는 현상이 널리 확산되면서 그들이 살아생전 입던 옷과 소지품까지 성물이 되었습니다. 성물을 접하고 병이 치유됐다는 소문이 퍼지면서 그 열풍은 더욱 거세졌지요. 가톨릭교회가 신도를 모으기 위해 각 교구마다 성인의 유골을 안치하려고 치열하게 경쟁한 결과 성인의 몸이 여러 조각으로 나뉘는 사태가 벌어지기도 했습니다. 하지만 수요에 비해 공급이 부족하면 문제가 발생하는 법입니다. 가짜 유물이 돌아다니기 시작했어요. 그리스도가 쓴 가시관이라고 주장하는 물건이 암소 12마리에게 다 실을 수 없을 정도로 많았다고 하니 당시 성물 숭배 열풍이 얼마나 뜨거웠는지 알 수 있겠죠. 사람들이 성물에 집착한 이유는 속죄하지 못하고 죽으면 연옥에서

무시무시한 벌을 받는데, 성물을 지니고 있으면 고통을 없앨 수 있다는 교리를 믿었기 때문이라고 합니다. 현대인의 상식으로는 터무니없는 일이지만 각종 미디어에서 특정 식재료가 건강에 좋다고 하면 다음 날 마트에서 품절되는 사태가 벌어지잖아요? 중세인을 비웃을 일은 아닌 것 같습니다.

remains에는 유적, 유고, 유작이라는 뜻도 있습니다. 모두 지나간 일, 죽음과 관련된 뜻이라서 슬픈 느낌이 들기도 하지만 연상해서 기억하기는 쉽습니다. 평소에 궁금했던 유물이나 유적지를 생각하면서 영작해 보세요. 자기 자신을 주체로 삼으면 훨씬 더 오래 기억에 남는다고 합니다.

I'd like to see the remains of the ancient greek temples before I die. (나는 죽기 전에 고대 그리스 신전들을 보고 싶다.)

[raɪt] ❶오른쪽 ❷올바른 ❸우익 ❹정면

오른쪽, 올바르다, 정확한……. right라는 단어의 뜻을 알아 가다 보면 자연스레 왼손잡이에 대해 생각하게 됩니다. 전 세계 인구의 15-20퍼센트가 왼손잡이일 확률로 태어나지만 문화적인 금기로 인해 출생 후에는 그 비율이 줄어든다고 합니다. 왼손잡이는 이에 대한 편견이 심한 한국에서 5.8퍼센트, 왼손 사용이 금기시되는 아랍에서 1퍼센트 미만이라고 하니 왼손잡이를 얼마나 억압하는지 짐작할 수 있습니다. 호칭도 오른손은 바른손, 왼손은 바깥 손이라고 부르지요.

right에는 긍정적인 의미 외에도 우익이라는 뜻이 있습니다. 우익의 반대말은 좌익left으로 프랑스 혁명에서 처음으로 우파와 좌파를 가르게 됐다고 합니다. 1789년 프랑스 국민 의회에서 보수적인 성향을 지닌 귀족은 오른쪽에, 진보적인 성향을 띤 평민은 왼쪽에 앉았던 것이 그 시초였지요.

정면이나 표면, 곧바로, 즉시라는 의미로도 쓰입니다. on the right side of 50는 나이가 50이 넘지 않았다는 표현입니다. 50세가 넘으면 on the wrong side of 50라고 하지요. 자주 쓰는 표현이니 기억해 두세요.

right는 옳다는 의미이지만 옳고 그름을 판단하는 기준은 복합적이고 영원히 옳은 것도 없습니다. right와 left의 의미

를 비교하면서 옳고 그름, 다름과 틀림, 우익과 좌익에 대해
천천히 생각해 보면 어떨까요.

Congratulation on your promotion. You're the right man
for the job. (승진했다니 축하해. 네가 그 일의 적임자지.)

Is it right to eat dog's meat? (개고기를 먹는 것이 옳은
일일까?)

The right side of the carpet is red. (카펫의 윗면은
빨간색이다.)

A: Can I talk to you for a second?
B: Hang on. I got to go now but I'll be right back.
A: 잠깐 이야기할 수 있을까?
B: 잠깐만. 내가 어딜 좀 가야 하는데 금방 돌아올게.

ring에 관한 퀴즈를 하나 내겠습니다. 영국으로 유학을 간 한국 여성이 학교에서 멋진 영국 남성을 만나 사귀게 되었습니다. 어느 날 둘은 데이트를 마치고 다음 데이트 약속을 잡았어요. 영국 남성이 "I'll give you a ring tonight."라고 말하자 한국 여성은 "너랑 나랑 아직 반지를 주고받을 사이는 아니잖아?"라고 대답합니다. 상대방은 당황하지요. 왜 그랬을까요? 영국 남성이 말한 ring은 전화라는 뜻이지만 상대방은 반지로 오해한 겁니다. 한 단어에 담긴 여러 가지 뜻을 익혀 두는 것이 얼마나 중요한지 알려 주는 이야기입니다.

결혼을 할 때 반지ring를 주고받는 관습은 고대 이집트에서 시작됐다고 합니다. 당시 이집트 사람은 끝이 없는 고리가 영원을 상징한다고 여겨 사랑의 징표로 반지를 선물했습니다.

교회에서는 약혼식에서 반지를 주고받은 뒤 파혼할 경우의 반지 처리 원칙을 정했습니다. 남자 쪽에서 파기한 경우에는 약혼반지를 돌려받을 수 없지만 여자 쪽에서 파기하면 돌려줘야 했다고 해요.

ring은 원형 장소나 동그랗게 둘러앉은 원 모양을 가리키기도 합니다. 권투나 씨름 경기장, 경마장, 서커스 무대 같은 곳을 모두 ring이라고 하지요. 원형은 아니지만 정치 경쟁의

자리도 ring입니다. 소설 속에서 비밀이나 불법 집단이라는
의미로 자주 등장하는 단어이기도 하지요.

The private investigator is looking for a girl who is
involved in a drug ring. (탐정은 마약 집단과 관련된 소녀를
찾고 있다.)

rubber

고무rubber를 처음 발견한 사람은 메소아메리카의 원주민이었습니다. 인디오는 고무나무의 흰 수액을 자신의 손발에 발라 햇볕에 말린 뒤 얇은 껍질이 되면 벗겨 내서 장갑, 구두, 컵, 시트를 만들었다고 합니다. 이 고무는 인디오 아이들이 가지고 노는 고무공을 본 콜럼버스가 유럽에 처음 소개했지요. 1755년 포르투갈 왕이 밑창에 고무 액을 바른 신발을 신고 우쭐했다는 기록도 있습니다. 한국의 꽃집에 있는 '고무나무'는 인도고무나무로 고무를 채취하는 파라고무나무와는 다른 종류입니다.

콜럼버스가 처음 고무공을 본 뒤로 280여 년의 시간이 흘렀을 때 영국의 화학자 에드워드 네언이 지우개를 개발했습니다. 당시에는 빵 부스러기로 연필로 쓴 글자를 긁어 냈는데 우연히 빵 대신 고무 조각으로 지우면서 고무의 새로운 특성을 발견한 것이지요. 지우개를 rubber라고 부르는 것은 여기서 비롯됐습니다. 연필 지우개와 칠판지우개를 통칭하는 단어지요. eraser도 지우개를 뜻합니다.

rubber는 고무 타이어를 가리키기도 합니다. 19세기 중엽의 자전거나 증기 자동차의 타이어는 100퍼센트 고무로 만들어졌지만 승차감이 좋지 않았습니다. 이 문제를 처음으로 해결하고 개선해 타이어 실용화에 성공한 것은 프랑스의 타이어 회사 미슐랭입니다. 최고의 레스토랑을 선정하여 별 개수로 등급을 매기는 미슐랭 가이드를 발간하는 회사이기도 하죠.
rubber에는 콘돔이라는 뜻도 있습니다. 속어이긴 하지만
실생활에서 condom만큼 자주 사용됩니다. 콘돔을 착용하
다라고 표현할 때는 rubber 앞에 동사 put on, wear, use를
씁니다.
사람에게 rubber라고 하면 안마사나 전문 살인 청부업자를
말합니다. rubbernecker는 목을 길게 빼고 구경하는 사람
을 가리키지요. 쭉쭉 늘어나는 고무처럼 rubber라는 단어를
유연하게 활용해 보세요.

He was an unmatched rubber, no one had taken out
more squealers than he had. (그는 독보적인 살인
청부업자다. 그보다 더 많은 밀고자를 살해한 사람은 없다.)

고대 그리스에서는 노예 대금, 군인이나 관리의 월급을 소금 salt으로 주기도 했습니다. 월급을 뜻하는 salary는 salt에서 파생한 단어이지요. 과거에는 소금이 귀한 것으로 여겨져 화폐처럼 사용되기도 했습니다.

salt

1300년대 유럽에서는 소금 무역으로 막대한 부와 사회적 지위를 쌓은 소금 장수가 왕의 장의사 역할도 했다고 합니다. 국왕의 시신을 염장하는 일까지 맡았던 것이지요. 1600년대까지 심장과 장기, 머리를 따로 떼어 내어 매장하는 방법이 지속됐습니다. 타지에서 죽었을 경우에는 부패를 방지하기 위해 시신을 삶아서 뼈를 추려 내 매장하기도 했다는군요. 시신을 보관하기 위해 이런 방법을 쓰다니 좀 오싹합니다.

중세 서양에서는 소금을 운반할 때 세금을 물리기 쉽도록 정해진 규격의 나무통을 사용했습니다. 영주들은 울퉁불퉁한 길과 도둑 때문에 골치를 앓았던 소금 상인을 위해 안전한 '소금길'을 제공하고 세금을 징수했다고 합니다. 소금세를 징수하는 역사는 수천 년이 넘도록 지속되었습니다. 영국이 인도를 식민 지배하던 시절에 소금 생산을 독점하고 소금세를 부과한 것이 인도 저항 운동의 도화선이 되기도 했습니다.

이렇게 소금은 길고 긴 인류의 역사에서 중요한 역할을 해

왔습니다. 여기서 존경받을 만한, 자기 값어치를 하다라는 의미의 worth your/its salt라는 표현이 나오기도 했지요. 소금으로 간을 맞추다라는 뜻이 생기나 자극을 더해 주다, 재치가 있다, 신랄하다와 같은 추상적인 의미로 발전하기도 했습니다.

salt and pepper(pepper and salt)는 (머리가) 희끗희끗한이라는 뜻입니다. 은발이 매력적인 조지 클루니가 생각나는군요. 요즘은 백발을 감추기 위해 염색을 하기도 하지만 자연스러운 백발로 나이 들어가는 모습도 아주 근사해 보입니다.

Any scholar worth his salt knows that theory. (존경을 받을 만한 학자라면 그 이론에 대해 알고 있다.)

Whenever he speaks in public, he always does with a salt wit. (그는 대중을 상대로 연설할 때 항상 신랄한 위트를 구사한다.)

George Clooney has salt and pepper hair. (조지 클루니는 머리가 희끗희끗하다.)

영어를 처음 배울 때 접하는 단어 중 하나가 sister입니다. 언니나 누나, 여동생을 가리키는 말이죠. 남자 형제는 brother 이고요. 대문자 S를 사용해 Sister라고 표기하면 수녀라는 뜻입니다. 신에 귀의해 평생 독신으로 지내며 신앙생활과 봉사활동을 하는 여성 천주교 신자를 수녀라고 합니다. 중세 유럽의 가난한 나라에서는 공주의 결혼 지참금을 마련하기 힘들면 기부금을 내고 수녀원으로 보냈다고 합니다. 사위나 외손자가 왕권 경쟁에 뛰어드는 것을 방지하는 효과도 있었다는군요. 파혼하거나 결혼 후에 아이를 낳지 못하는 경우에는 평생 수도원에 가두기도 했습니다. 현대와 달리 과거에는 강제적으로 수녀가 된 여성이 많았던 것이지요.

sister에는 자매기관이라는 뜻도 있습니다. parent company(모회사), subsidiary company(자회사)와 같은 맥락의 표현입니다. 비즈니스 영어로 알아 두세요.

여성들은 종종 마음이 잘 맞는 친구나 동료를 '자매님'이라고 부르기도 하는데요. 영어 단어 sister도 자신과 같은 생각이나 목적을 가진 자매, 혹은 여성 동지라는 의미로 사용됩니다.

I saw three Sisters eating ice cream in front of that famous fountain. (나는 그 유명한 분수 앞에서 수녀 세 명이 아이스크림을 먹고 있는 모습을 봤다.)

Some people call Sisters the wives of God. (수녀를 하느님의 아내라고 하는 사람도 있다.)

We have our sister company in France. (우리의 자매회사는 프랑스에 있다.)

slate는 석판석을 얇게 깎아 만든 것으로 석필로 글자를 쓰고 그림도 그릴 수 있는 석판을 뜻합니다. clean the slate는 백지로 돌리다, 없었던 일로 하다라는 의미입니다. 과거에는 항해를 할 때 중요한 사항을 석판에 기록한 다음 항해일지에 옮겨 적으면서 하나씩 지워 나갔다고 해요. 이러한 관행에서 나온 숙어이지요.

주로 한국의 예전 농어촌 주택가에서 볼 수 있던 slate 지붕은 점판암이라는 뜻입니다. 천연 또는 인공 점판암의 얇은 석판을 말하지요. 점판암이나 석판의 색인 청회색도 slate라고 합니다.

선거 후보자 명단, 경기 예정표, 후보 명단에 올리다, ~을 계획하다라는 의외의 뜻도 있습니다. 후보자 명단과 관련된 단어 a clean slate는 흠잡을 데 없는 경력을 말하지요.

영화나 드라마를 촬영할 때 자주 사용하는 도구도 slate라고 합니다. 혹시 어떤 도구인지 짐작이 가시나요? 한 장면의 시작을 알리기 위해 사용하는 딱따기를 slate 또는 clapper board라고 합니다. slate에 해당 장면의 번호와 날짜를 적어 두면 편집할 때 화면과 음향을 맞추는 데 도움이 됩니다.

The slate of candidates was leaked to the press. (후보자 명단이 언론에 누출됐다.)

The picnic was slated for June. (피크닉은 6월로 예정돼 있다.)

smoke는 연기, 매연, 담배 또는 흡연, 담배를 피우다라는 뜻으로 잘 알려져 있습니다. 담배와 관련된 어휘에도 smoke가 등장하지요. 줄담배를 피우다는 chain-smoke, 담배를 끊다는 quit/stop smoking, 금연 구역은 nonsmoking section 이라고 합니다.

담배의 기원을 찾으려면 마야 문명까지 거슬러 올라가야 합니다. 태양신을 숭배하는 마야인은 불을 피우는 종교 의식에 담배 잎사귀인 '타바코'를 사용했습니다. 신관들이 연기를 빨아들이기 시작하면서 대중에게 전파된 것으로 짐작됩니다. 이러한 끽연 습관은 마야 문명에서 아스테카 문명으로 전해졌고, 동시에 북아메리카로 확산됐습니다.

영국인은 아메리카 원주민의 끽연 도구였던 클레이 파이프clay pipe를 도입해 담배를 피웠습니다. 유럽 전역에서 콜럼버스 탐험대가 전한 여송연보다 영국에서 온 이 파이프 담배를 보편적으로 사용했다고 합니다. 클레이 파이프는 훗날 셜록 홈스가 항상 물고 다니는 브라이어 파이프briar pipe로 발전했지요. 한편 17세기 프랑스의 상류층 사회에서는 훨씬 세련되고 품위 있다고 여겨진 코담배snuff가 유행했고 중국은 청나라 초기에 프랑스를 통해 코담배를 들여왔습니다. 중동에서는 담배 연

기를 물속으로 통과시킨 뒤에 빨아들이는 물파이프water pipe
를 즐겼습니다. 흡연 습관이 전 세계로 퍼져 가면서 제각각
다른 방식으로 자리 잡은 모습이 흥미롭습니다.

smoke는 가끔 소설에서 마리화나, 해시시라는 의미의 속어
로 쓰이기도 합니다. (고기나 생선을) 훈제하다라는 뜻도 있
습니다. 냉장고가 없던 시절에는 음식을 오래 저장하기 위해
소금으로 염장하거나 소금에 절인 고기를 연기에 익혀 말린
훈제 상태로 만들었거든요.

I saw a thick column of smoke rising into the sky. (나는
하늘로 피어오르는 짙은 연기 한 줄기를 봤다.)

Let's have a smoke outside. (밖에서 담배나 한 대
피웁시다.)

A: Do you smoke?
B: I smoke heavily.
A: 담배 피우세요?
B: 골초입니다.

soap는 라틴어 sapo에서 유래한 단어입니다. 고대 로마의 사포 언덕에서 제물로 바친 동물을 태우면 재와 기름이 근처 강가로 흘러들었는데, 그때 강의 아래쪽에서 빨래를 하면 때가 잘 빠졌다고 합니다. 여기서 힌트를 얻어 동물성 기름과 재를 섞어서 만든 물질의 명칭 sapo가 오늘날의 비누를 뜻하는 soap가 되었습니다.

로마의 세탁소에서는 인간이나 동물의 오줌을 세제로 사용했어요. 오줌의 알칼리 성분이 옷에 묻은 기름때를 제거해 주었다는군요. 기록을 보면 베스파시아누스 황제는 오줌에도 세금을 물렸습니다. 예나 지금이나 통치자는 세금을 매기는 데 가차 없었나 봅니다. 영국에서는 19세기까지 모직물 세탁에 오줌을 사용했다고 해요. 세척력은 뛰어나다지만 냄새는 어떻게 처리했을지 무척 궁금합니다.

주로 세탁용으로 쓰이던 soap에 대한 인식은 19세기 전반 유럽 각지에 퍼진 티푸스 유행으로 인해 달라졌습니다. 전염병이 더러운 옷과 신체 때문이라는 인식이 퍼지면서 비누를 사용하는 사람이 늘어났다고 합니다. 산업혁명 이후에는 노동자들이 기름투성이가 된 몸을 비누로 씻으면서 인기를 끌게 됐지요.

라디오나 텔레비전에서 방영되는 연속극을 soap opera라고 합니다. 왜 여성을 대상으로 평일 오후에 방송되는 드라마에 비누soap와 오페라opera라는 단어가 결합된 명칭이 붙었을까요? 드라마 중간에 스폰서인 비누회사의 광고가 자주 나왔고 연애를 주제로 한 통속적인 줄거리 때문이라고 합니다. 마지막으로 soap에는 뇌물, 아부, 아첨하다라는 의외의 뜻도 있습니다. 함께 기억해 두세요.

I'm always upset when there is no soap next to the sink in public bathroom. (나는 공중 화장실 세면대에 비누가 없으면 항상 화가 난다.)

scene stealer는 뛰어난 연기와 개성으로 주연 못지않은 존재감을 발산하면서 관객의 시선을 훔치는 배우를 뜻하는 단어입니다. 이와 비슷한 표현 steal the show는 주역의 인기를 가로채다, 관심을 독차지하다라는 의미입니다.

1994년 영화 『레옹』이 개봉했을 때 전 세계 사람이 주인공 레옹보다 마틸다에게 마음을 빼앗겨 버렸습니다. 언론은 마틸다 역을 맡은 나탈리 포트만이 레옹을 능가하는 인기를 누렸다고 보도하면서 'She stole the show'라는 표현을 사용했습니다.

steal의 대표적인 의미는 훔치다입니다. 명사로는 장물 또는 거저나 다름없이 횡재로 얻은 물건이라는 뜻으로 쓰이죠. 언뜻 보면 비슷하지만 분명히 다른 두 가지 뜻을 구분해서 사용해야 합니다.

steal에는 살며시 움직이다, 몰래 움직이다라는 뜻도 있습니다. stalk와 동의어로 보이지만 steal과 달리 stalk는 사냥감을 향해 몰래 다가가다라는 의미로 쓰입니다. 잘 알려진 스토킹stalking도 여기서 나온 단어이지요. 공짜나 다름없는 가격에 좋은 물건을 사는 steal은 언제고 환영이지만 뭔가를 훔치거나 몰래 다가가는 행동인 steal은 떳떳하지 못한 행동입니다.

하지만 I stole a look at him at the library. (나는 도서관에서 그를 몰래 훔쳐봤다) 라는 문장에 쓰인 것처럼 연모하는 사람을 슬쩍 훔쳐보는 낭만적인 뜻도 있으니 너무 부정적으로 볼 일은 아닌 것 같습니다. 남의 재산을 훔치는 것은 유죄지만 남의 마음을 훔치는 것은 무죄이지요.

마지막으로 야구에서는 steal이 도루하다라는 의미로 사용됩니다. 수비가 허술한 틈을 타서 주자가 다음 베이스까지 가는 것을 '도루'라고 해요. 앞에서 설명한 몰래 움직인다는 의미와도 비슷하죠.

A: Guess how much I paid for this antique desk.

B: Hmm. Probably over 500 dollars.

A: No. It was only 60 dollars.

B: Wow. That's a steal.

A: 이 골동품 책상 얼마 주고 샀을지 맞혀 봐.

B: 흠. 500달러 넘게 줬을 것 같은데.

A: 아니야. 60달러밖에 안 했어.

B: 와, 거저 줬네.

The thief stole into the study to get the golden watch.

(도둑은 황금 시계를 훔치기 위해 서재로 몰래 들어갔다.)

중동 지역의 고대 유적에서 발굴된 유물이 운철로 추정된다는 결과가 나왔습니다. 이로써 고대 이집트어로 기록된 '하늘에서 온 검은 구리'는 운철을 가리키는 것으로 해석할 수 있게 되었지요. 고대 사람들은 이 불가사의한 금속에 경외심을 느꼈습니다. 소아시아나 그리스의 몇몇 지역에서는 아직도 운석을 성스러운 돌로 떠받드는 풍습이 남아 있다고 합니다. 운철은 아주 희귀해서 금이나 은보다도 값이 나간다고 하더군요.

인도는 질이 좋은 철을 생산하는 나라로 유명합니다. 인도에서 가장 오래된 이슬람 사원인 쿠트브 미나르에는 약 7미터 높이의 철 기둥이 세워져 있습니다. 철의 순도가 100퍼센트에 가까운 기둥으로 1,000년이 넘는 오랜 세월 동안 부식을 견뎌 냈다고 합니다. 이 기둥을 델리의 철 기둥the Iron Pillar of Delhi이라고 부르는데요. 여기서 수도의 이름 '델리'가 나왔다는 설도 있습니다.

철은 우리가 사용하는 금속의 90퍼센트 이상을 차지합니다. 하지만 새로운 성질을 가진 합금이나 플라스틱, 폴리우레탄 같은 신소재가 계속해서 개발되고 있습니다. 과연 철을 대체할 21세기의 금속은 무엇일지 궁금합니다.

steel은 주로 강철, 철강업이라는 뜻으로 쓰이지만 총이나 칼, 무력이라는 뜻도 지닙니다. 여기서 the clash of steel (무력 충돌)이라는 표현이 나왔지요. 부싯돌, 숫돌도 steel 이라고 합니다.

steel에는 강철의 성질이 담긴 강인함, 마음을 단단히 먹다 라는 의미도 있습니다. 구소련의 독재자 스탈린은 자신의 본 명 '이오시프 비사리오노비치 주가시빌리'를 강철 같은 사나 이man of steel라는 뜻의 '스탈린'Stalin으로 개명했습니다. 진짜 강철 같은 사람은 슈퍼맨이죠. 슈퍼맨을 주인공으로 한 영화 제목도 『맨 오브 스틸』man of steel 입니다.

> As I waited for the test result, I steeled myself for disappointment. (나는 시험 결과를 기다리면서 실망할 것에 대비해 마음을 단단히 먹었다.)

스포츠는 식량으로 쓸 짐승을 사냥하고 전쟁에서 살아남기 위해 활을 쏘거나 창을 던지고 몸으로 싸우는 경쟁에서 시작됐습니다. 고대 로마에서는 전차 경기와 검투사의 싸움이 국민을 위한 오락으로 장려됐을 만큼 대중적으로 큰 인기를 끌었다고 합니다. 당시의 검투사는 요즘의 아이돌만큼 주목을 받는 존재로 로마 황제가 직접 검투사로 나서기도 했다는군요.

고대 그리스에서는 신에게 바치는 제전 경기이자 훈련의 성격으로 올림픽 경기를 개최했습니다. 그리스가 로마의 지배를 받으면서 중단되었지만 1896년 근대 올림픽이 재개된 후로 지금까지 이어지고 있지요.

한편 산업혁명 이후의 영국에서는 중상류층 계급에서 여가를 즐기는 수단으로 스포츠가 부흥했습니다. 영국인은 축구, 보트, 배드민턴, 하키 등의 경기 규칙을 통일하고 사용 용구를 규격화했습니다. 스포츠맨십, 페어플레이, 팀워크, 아마추어리즘 같은 스포츠의 정신도 이때 만들어진 것이지요. 식민 국가와 문화적 결속을 강화하기 위해 스포츠 문화를 널리 전파했다고 합니다.

ѕport는 흥겹게 놀다라는 뜻의 고대 영어 diѕport에서 나온 말입니다. 운동, 경기 외에도 오락이나 재미라는 뜻이 있

습니다. 여기서 말하는 오락에는 도박도 포함됩니다. <u>놀리다</u>, <u>비웃다</u>, <u>자랑하다</u>라는 의미로도 쓰입니다. 영화나 소설에서는 심심찮게 호칭으로도 사용되지요. 예스러운 말투의 <u>여보게</u>, <u>친구</u>, <u>자네</u> 정도로 해석됩니다.

It will be great sport to pick apples in an orchard for a few hours. (과수원에서 몇 시간 동안 사과를 따는 것도 아주 재미있을 거야.)

A little girl is sporting new ballet shoes in front of dolls. She is so adorable. (꼬마 숙녀가 인형 앞에서 새 발레 슈즈를 자랑하고 있다. 아주 사랑스럽다.)

Hey, sport. Don't be so cheeky. (이봐, 청년. 그렇게 건방지게 굴지 마.)

[spa:t] ❶ 점, 얼룩 ❷ 뾰루지 ❸ 장소 ❹ 발견하다

영화 『101 달마시안』은 달마티안 커플 퐁고와 퍼디가 새끼를 낳은 날, 달마티안 가죽으로 코트를 만들려고 하는 패션회사 사장이 나타나면서 벌어지는 이야기입니다. 하얀 몸에 얼룩덜룩 까만 점이 난 귀여운 강아지들에게 푹 빠진 채로 영화를 본 기억이 납니다.

spot

달마티안의 까만 점을 spot이라고 합니다. spot은 점, 반점, 얼룩이라는 뜻을 가진 단어로 얼굴에 생긴 뾰루지나 여드름을 가리키기도 하지요. 여드름은 보통 pimple이라고 하지만 약국에서 여드름 연고를 달라고 하면 "spot cream?"이라고 물어보는 경우가 많습니다. 갑자기 얼굴에 뭔가가 울긋불긋 솟아오를 때를 대비해서 기억해 두세요.

spot에는 방송 프로그램의 출연 순서, 출연 부분이라는 뜻도 있습니다. 동사로 사용하면 (쉽지 않은 상황에서) ~을 발견하다라는 의미가 되지요. 클럽이나 바, 술집, 식당 등 특정 장소도 spot이라고 합니다.

> Find the guy wearing a black shirt with white spots. He's a spy. (흰색 점무늬가 있는 검은 셔츠를 입은 남자를 찾아요. 그 남자가 스파이예요.)

She puts on thick make up to cover her spots. (그녀는
여드름을 감추기 위해 화장을 진하게 한다.)

I want to find a quiet spot to think about the proposal.
(나는 그 제안에 대해 생각해 볼 조용한 곳을 찾고 싶다.)

I couldn't spot the difference between the twin girls.
(나는 그 쌍둥이 자매의 차이를 찾아낼 수 없었다.)

설탕_{sugar}은 약품이나 향료, 식탁을 장식하는 설탕과자로 사용되어 오다가 17세기 중반 이후 유럽에서 감미료나 보존 수단으로 인기를 끌기 시작했습니다. 특히 커피나 홍차에 설탕을 넣어 마시게 되면서 더욱 주목을 받았지요. 커피에 설탕을 넣어 마시는 습관은 터키인에게서, 홍차에 설탕을 타서 마시는 습관은 영국인에게서 비롯됐다고 합니다.

영국인은 왜 홍차에 설탕을 넣었을까요? 국제 무역과 식민 지배를 통해 부와 국력이 강해진 영국에서는 일종의 '사회적 지위의 상징'으로 수입품을 소비했습니다. 무역을 통해 부를 축적한 상인이 호화로운 생활을 할수록 기존의 특권층인 귀족은 더 많은 부와 권세를 과시해야 한다는 속물근성에 집착했다고 합니다. 영국인은 18세기까지 커피 하우스나 티 하우스에서 차를 즐겨 마셨는데요. 당시에는 알코올음료에 감미료를 타 마시곤 했기에 커피나 차에도 설탕을 넣었다고 합니다. 커피, 홍차, 설탕 모두 사치품이었기 때문에 두 가

지를 함께 소비하면서 사회 지위와 부를 과시했던 것이지요. 속물근성과 상관없이 커피나 홍차에 설탕과 프림을 듬뿍 넣어 마시는 저는 뼛속부터 귀족이었을지도 모를 일이죠?
설탕과 관련된 표현 blood *sugar*(혈당)와 *sugar* free(무

설탕)는 일상생활에서 자주 쓰이는 단어이니 알아 두면 좋습니다. sugar에는 달콤한 말, 겉치레로 하는 말, 사탕발림하다라는 뜻도 있습니다. darling, honey와 같이 좋아하는 사람이나 어린아이를 부르는 호칭으로도 사용되지요. 속어로 돈이나 마약을 가리키기도 합니다.

참, 설탕을 넣을 때는 take라는 동사를 써야 한다는 것을 잊지 마세요.

A: Do you take sugar in coffee?

B: Yes, please.

A: How many sugars?

A: 커피에 설탕 넣으세요?

B: 네, 넣어 주세요.

A: 몇 개나 넣을까요?

녹차, 페퍼민트, 캐모마일, 루이보스 등 차tea의 종류는 다양하지만 영미에서는 tea라고 하면 보통 black tea(홍차)를 가리킵니다. 동양에서는 차의 빛깔이 붉다고 하여 홍차紅茶라고 부르고 서양에서는 검은 빛깔로 보고 블랙티라고 부르는 것이지요.

영국인은 아침은 든든하게, 점심은 가볍게 먹습니다. English breakfast라고 불리는 영국식 아침은 토스트, 시리얼, 베이컨, 달걀 요리에 홍차나 커피를 곁들인 푸짐한 식사입니다. 하지만 점심을 가볍게 먹으면 저녁 시간까지 허기를 참기 힘들기 때문에 차와 함께 간단한 음식을 먹었습니다. 이 간단한 식사를 tea라고 합니다.

영국에 차가 처음 수입됐을 때는 아주 고가의 상품이었다고 합니다. 상류층인 왕족과 귀족만 마실 수 있었지요. 안나 마리아라는 한 귀족 부인은 오후 4시에서 6시 사이에 홍차와 간단한 식사를 하는 사교문화 afternoon tea를 만들었습니다. 지금은 영국뿐 아니라 전 세계인이 즐기는 문화가 되었지요.

차는 19세기에 들어서야 서민층에게 보급되면서 대중적인 음료로 자리 잡았습니다. 하루 일과를 마친 노동자가 술집을 전전하는 것을 막는 좋은 음료로 주목을 받았죠. 하루 15시간

이상의 고된 일을 하는 어른과 아이 들은 설탕을 넣은 홍차를 마시며 칼로리를 보충했다고 합니다. 홍차가 영국인의 사랑을 받는 데는 이렇게 오랜 시간을 함께해 온 역사가 있습니다.

tea를 사용한 표현도 알아 두세요. cup of tea는 ~의 기호에 맞는 사람이나 물건이라는 뜻입니다. beef tea는 과거에 환자에게 주던 보양식으로 쇠고기 수프, 곰국 정도로 해석됩니다.

You can have tea after finishing that homework.
(숙제 마치면 바로 저녁을 먹을 수 있어.)

A: What do you think of keeping a cat?
B: No, a cat is not my cup of tea. I'm more of a dog person.
A: 고양이를 키워 보는 게 어때?
B: 아니, 고양이는 내 스타일이 아니야. 난 고양이보단 개가 좋아.

toilet은 외국으로 여행을 갈 때 생존 차원에서 익혀 둬야 할 단어입니다. 그만큼 일상생활에 깊숙이 침투한 단어이기도 하고요. toilet은 영국식 표현이고 미국에서는 bathroom이라고 합니다. 공공장소에서는 restroom 또는 성별에 따라 ladies' room, men's room이라고도 하지만 특별히 까다롭게 구분해서 쓰진 않습니다. WC(Water Closet, 수세식 변소)라고도 하지요.

유럽에는 유료 공중화장실이 많은데 보통 사용료로 1유로 정도를 받습니다. 인심이 박하다고 느껴지지만 화장실 관리를 위해서라면 어쩔 수 없겠다는 생각도 듭니다.

중세에는 길거리에서 용변이 급한 사람에게 돈을 받고 통을 빌려주는 사람이 있었습니다. 지금의 유료 화장실과 비슷한 역할을 사람이 한 것이죠. 이동 변소 장사꾼은 뚜껑이 달린 통을 어깨에 메고 다녔다고 합니다. 손님이 오면 뚜껑 위에 준비 해 둔 망토로 용변 보는 모습을 가려 주기도 하고요. 배설은 귀천을 떠나서 인간이라면 누구에게나 중요한 '볼일'입니다. 아름답고 화려하기로 유명한 베르사유 궁전에는 화장실이 없어서 사람들이 실례한 대소변 때문에 골치를 썩었다고 하니 이런 이동 변소가 생길만 하지요. to flush the toilet(변기 물을 내리다)은 <u>변기</u>, <u>화장실</u>이라는 뜻으로 널리 알려진 toilet과 관련된 표현입니다. a pay toilet(유료 화장실), toilet paper(두루마리 휴지)도 알아두면 일상생활에서 두루 활용할 수 있습니다.

toilet에는 화장, 몸단장이라는 뜻도 있습니다. 호텔 객실에 깔끔하게 포장된 칫솔, 치약, 비누 같은 세면도구나 화장품을 toiletry라고 하지요. toilet water는 변기물이 아니라 화장수를 가리킵니다. 단어의 숨겨진 의미를 모르면 오역할 수 있겠죠. 화장실에선 볼일도 보고, 화장이나 몸단장도 하니 기억하기 쉬워 보입니다.

어렸을 때 즐겨 불렀던 말놀이 노래 있죠. '원숭이 엉덩이는
빨개, 빨간 건 사과, 사과는 맛있어, 맛있는 건 바나나, 바나
나는 길어, 길면 기차, 기차는 빨라, 빠른 건 비행기……'
여기서 나오는 빠른 기차가 바로 train입니다. train에는 바
닥에 끌리는 옷자락, 사람이나 차의 행렬, 무리라는 뜻도 있
습니다. 객차가 줄줄이 이어진 기다란 기차를 떠올리면 왜
이런 뜻이 생겼는지 쉽게 짐작됩니다. 객차는 coach 또는
carriage라고도 합니다. coach는 앞에서 일반석이라는 뜻
으로 배운 내용이죠? 다시 한 번 기억을 살려 보세요. 기차를
타거나 내리는 것은 get on/off를 사용해서 표현합니다.
생각이나 사건의 연속도 train이라고 해요. 소설에서 등장인
물의 이어지는 생각의 흐름을 묘사할 때 종종 쓰이는 단어죠.
이때 train의 뜻을 모르면 주인공의 생각을 읽다가 갑자기
기차라는 뜻으로 오해해 버리는 실수를 하게 됩니다.
train에는 훈련하다라는 뜻도 있습니다. 요즘은 영어 독음
그대로 트레이닝 training 한다고도 표현
하지요. 무기, 카메라, 시선 등을 향
하게 하다, 방향을 잡다라는 의미
로도 쓰입니다.

train

I have to get on a train by 7
O'clock in the morning tomorrow.

(내일 아침 7시까지 기차를 타야 한다.)

I saw a picture of a camel train in the desert. It was awesome. (나는 사막의 낙타 무리를 찍은 사진 한 장을 봤다. 정말 근사했다.)

I couldn't follow his train of thought. It was too complicated. (나는 그의 꼬리를 물고 이어지는 생각을 이해할 수 없었다. 너무 복잡했다.)

The photographer trained the camera on the protestants on the street. (사진작가는 거리에 나온 시위자들에게 카메라를 돌렸다.)

[tri:t] ❶다루다 ❷치료하다 ❸한턱내다

treat이라는 단어를 보니 SF드라마 『익스팬스』The Expanse 의 한 장면이 떠오릅니다. 광산에 사는 아이들이 열악한 환경으로 인해 병에 걸리자 광부들이 본부에 치료를 요구합니다. 광부들은 치료를 호소하는 장면에서 treat이라는 단어를 사용하는데 아이들을 제대로 대우해 달라고 번역됐더군요. 치료라고 번역했으면 좋았겠다는 생각에 조금 아쉬웠습니다.

treat은 대우하다, 다루다라는 뜻을 가진 단어입니다. 반대말 maltreat(ment)은 학대, 함부로 다루다라는 뜻이지요. 앞에서 이야기한 드라마 대사처럼 치료하다, 처치하다라는 의미도 있습니다. 대접하다, 한턱내다라고 표현할 때도 treat을 사용합니다.

10월의 마지막 날인 핼러윈에는 treat과 관련된 유명한 말이 있습니다. "trick or treat!"(과자를 주지 않으면 장난을 칠 거야!) 아이들이 유령이나 해골 분장을 하고 집집마다 돌아다니면서 외치는 말이지요.

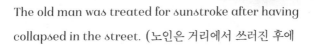

Don't treat me like a child.
(나를 어린애 취급하지 마.)

The old man was treated for sunstroke after having collapsed in the street. (노인은 거리에서 쓰러진 후에

일사병 치료를 받았다.)

A: It's my treat today.

B: Why? What's the occasion?

A: I got promoted a sales manager.

B: Wow, congratulation!

A: 오늘은 내가 한턱 낼게.

B: 왜? 무슨 좋은 일 있어?

A: 영업부장으로 승진했어.

B: 와, 축하해.

YOLO(욜로)는 "You Only Live Once."의 줄임말로 오직 한 번 뿐인 인생을 충실하게 살자는 삶의 태도를 말합니다. 욜로족은 과거나 미래가 아닌 현재의 삶에 집중하고 자신만의 라이프스타일과 경험을 위한 소비를 즐기는 사람이지요. 저는 경험을 소비하는 방식에는 여행만 한 것이 없다고 생각해요. 시간과 돈만 허락한다면 전 세계를 여행하고 싶다는 꿈을 늘 품고 있답니다.

여기서 잠깐 trip을 비롯한 여행이라는 뜻을 가진 여러 단어의 차이에 대해 알아볼까요? trip은 목적이나 기간이 정해진 짧은 기간의 여행으로 직업상의 여행이나 통근, 외출도 여기에 속합니다. 그래서 출장은 business travel이 아니라 business trip이라고 하지요. journey는 보통 육로를 이용한 장기 여행으로, 돌아오는 것이 확실히 정해진 여행은 아닙니다. 여행, 일주, 관광을 모두 포함한 장기 여행은 travel이에요. tour는 시찰 또는 관광 여행, voyage는 바다나 우주로 가는 장거리 여행입니다.

trip에는 의도치 않은 실수를 의미하는 발에 걸려 넘어지다, 실언하다라는 뜻도 있습니다. 마지막으로 환각에 빠지다라는 의미로도 사용됩니다. 한국에서는 '뿅 간다'고 표현하는데 영어로는 trip이라니 재미있습니다.

My grandmother tripped and fell on the well-polished
corridor. (할머니는 윤이 반질반질하게 흐르는 복도에서
넘어지셨다.)

I tripped up on the English speaking test. (나는 영어
말하기 테스트에서 실수했다.)

I once tripped out on ecstasy. (나는 엑스터시를 먹고
환각에 빠진 적이 있다.)

전 세계 극장가에서 막강한 영향력을 행사하는 할리우드의 오스카상을 받으면 인간 입상이 수여됩니다. 저는 트로피tro phy 하면 다른 무엇보다 먼저 오스카 트로피가 떠오르더군요. 이 트로피는 1928년 MGM사의 트로피 디자인 공모전을 통해 선정된 조각가 조지 스탠리의 작품이라고 합니다. 손에 칼을 쥐고 필름 릴 위에 서 있는 기사의 형상은 전 세계 영화인의 동경의 대상이겠죠?

trophy는 경기나 대회의 우승자에게 수여하는 기념품, 전쟁 시 적에게서 빼앗은 물품인 전리품을 가리키는 단어입니다.

전리품 중 가장 으스스한 것은 아메리카 원주민이 전쟁에서 승리한 뒤 벗겨 낸 적의 머리가죽이죠. 원주민과 싸운 백인도 복수의 의미로 머리가죽을 벗겨 술자리에서 경매로 팔아넘겼습니다. 세월이 흘러 유물이 된 머리가죽 일부는 독일의 칼 마이 박물관에 보관되었었는데, 2014년 아메리카 원주민 치페와족과 수세인마트리족의 후손들이 박물관 측에 조상들의 신체 일부를 돌려 달라고 편지를 보냈다고 합니다. 전쟁은 어떠한 이유로도 용납될 수 없는 잔인한 행위라는 것을 전리품에 담긴 사연으로도 알 수 있습니다.

승리를 나타내는 기념비나 기념물도 trophy라고 합니다. 손

에 쥘 수 있는 작은 트로피가 아닌 거대한 건축물을 가리키
기도 하죠. 대표적인 트로피는 나폴레옹이 승전을 기념하기
위해 파리에 세운 개선문triumphal arch입니다.

마지막으로 trophy wife라는 표현이 있습니다. 사업에 성공
한 중년의 남성이 조강지처와 이혼하고 새로이 만난 젊고 아
름다운 아내를 뜻하는 말이죠. 2000년을 전후해서는 이와 반
대 개념인 trophy husband라는 용어도 등장했습니다. 성
공한 아내 대신 가사와 육아를 책임지는 남편을 지칭하지요.

He won the top prize in archery and was awarded a
really big trophy. (그는 양궁 대회에서 우승해서 정말 큰
트로피를 받았다.)

His wall of trophies was full of basketball awards. (벽에는
그가 받은 농구 트로피로 꽉 차 있었다.)

[ʌmˈbrelə] ❶ 우산, 양산 ❷ 보호

고대 이집트에서는 우산umbrella이 지위와 신분의 상징이었습니다. 귀족만이 우산을 사용할 수 있었죠. 야자나무 잎, 깃털, 파피루스를 사용해서 부채 모양을 차용한 다양한 형태의 우산이 만들어졌다고 합니다. 그리스와 로마에서는 우산은 나약한 사람이 쓰는 물건이라는 고정관념 때문에 남성은 여성과 함께 있을 때만 우산을 사용했다고 해요. 실외 원형 극장에 이슬비가 내리면 우산이 무대를 가리는 바람에 극장에서 우산 사용을 금지해야 한다는 논란을 불러일으키기도 했습니다.

영국의 조너스 한웨이는 우산이 여성의 전유물이라는 편견을 깨기 위해 30년간 매일같이 우산을 쓰고 다녔습니다. 처음에는 그를 비웃던 사람들도 결국 비가 내리는 날에 우산을 쓰는 편리를 깨닫게 되었지요. 하지만 아이러니하게도 제가 영국에서 생활할 때 비가 오면 우산을 쓰는 사람은 대부분 외국인이었습니다. 영국인은 '이 정도 가랑비는 맞고 말지'라는 표정으로 씩씩하게 걸어가더군요. 한국에는 구한말 선교사들에 의해 우산이 들어왔다고 합니다. 역시 1950년대까지는 부유층의 상징이었다고 해요.

이렇게 흥미로운 역사를 가진 우산을 미국에서는 umbrella, 영국에서는 brolly라고 합니다. 영국 소설에는 umbrella만큼 brolly라는 단어가 많이 등장하지요. 접는 우산은 a fold-

umbrella

ing umbrella 또는 a collapsible umbrella입니다. 혹시 외국에서 우산을 살 일이 있을 때 참고하세요. 우산을 펴다 라고 표현할 때는 put up을 사용합니다.

umbrella에는 보호, 보호물이라는 뜻도 있습니다. 여기서 나온 용어가 a nuclear umbrella(핵우산)죠. 핵무기를 소유하지 않은 나라가 안전 보장을 위해 핵무기 보유국의 핵전력에 의지하는 것을 비유적으로 이르는 말입니다.

He opened his umbrella when it started raining.
(비가 내리기 시작하자 그는 우산을 폈다.)

The umbrella of protection offered by the missile defense system covered all of the country's borders.
(미사일 방어 시스템으로 인해 그 나라의 국경지대는 모두 보호를 받게 됐다.)

영어 공부를 처음 시작할 땐 apple은 사과, sky는 하늘, bread는 빵이라고 일대일 공식처럼 외웁니다. 시간이 흐르면서 하나의 영어 단어가 여러 개의 뜻을 품고 있다는 것을 알게 되지요.

vest 역시 다양한 의미를 지닌 단어입니다. 대표적으로 알려진 조끼 외에도 한국에서 메리야스 셔츠라고 부르는 속옷 셔츠를 가리키죠. 운동할 때 입는 러닝셔츠는 a running vest라고 씁니다. 겨울이 오면 꺼내 입는 down vest는 새의 솜털이나 깃털을 넣은 조끼를 말합니다.

간부, 윗사람도 vest라고 합니다. 타동사로 쓰이면 ~에게 권리/권한/재산을 주다라는 뜻이 됩니다. 여기서 나온 표현 vested는 이미 얻어서 차지했다는 뜻입니다. vested interest는 정당한 절차를 밟아 이미 차지한 권리를 가리키는 단어지요.

The secretary got coffee for all of the vests in the boardroom. (비서가 회의실에 있는 간부들에게 커피를 내왔다.)

It's better to wear a cotton vest when it's really hot.

(날이 더울 때는 면 속옷을 입는 게 낫다.)

속옷이라는 뜻을 모른다면 앞의 예문을 '날이 더울 때는 면 조끼를 입는 게 낫다'라는 희한한 뜻으로 해석하게 되겠죠?

이슬람 사회의 여성은 외출할 때 반드시 얼굴과 머리의 일부를 덮어야 합니다. 그들이 쓰는 베일veil은 크게 부르카, 차도르, 니캅, 히잡 네 가지로 분류됩니다. 부르카는 머리에서 발목까지 덮어쓰는 통옷으로 눈에는 망사를 씌웁니다. 차도르는 전신을 가리는 망토형 의상으로 지역에 따라 얼굴이나 눈을 드러냅니다. 니캅은 부르카와 비슷하지만 눈만 드러낼 수 있어요. 히잡은 스카프와 비슷합니다. 머리와 상반신을 가려 주지요.

2003년 프랑스의 한 고등학교는 차도르를 벗으라는 요구를 거부했다는 이유로 4명의 터키 출신 여학생을 퇴학시켰고, 2016년에는 이슬람의 전신 수영복인 부르키니 때문에 베일에 대한 논란이 다시 일었습니다. 애초에 남성이 씌운 베일이 종교적인 이유로 쟁점이 되는 현실이 아이러니합니다.

고대 그리스인과 로마인은 결혼을 할 때 환히 비치는 얇은 베일을 면사포로 썼습니다. 당시에는 노란색 계열의 베일을 썼는데 18세기에 이르러 하얀색 웨딩드레스와 함께 베일도 흰색으로 바뀌었다고 합니다.

오랜 역사만큼 사연도 많은 veil에는 베일, 면사포 외에 진실을 가리는 장막이라는 뜻이 있습니다. 막후 거래나 정치를 영어로 표현할 때도 veil을 사용하죠. 시사 영어에서 자주 쓰는 표현이니 눈여겨봐 두면 좋습니다. <u>가면</u>, <u>핑계</u>, <u>~을 감추다</u>, <u>은폐하다</u>라는 뜻으로도 쓰입니다.

Their negotiation was carried out behind a veil of secrecy. (그들의 협상은 막후에서 이뤄졌다.)

They killed countless women and children under the veil of religion. (그들은 종교라는 미명 아래 무수한 여자와 아이를 살해했다.)

The government tried to veil its war plans. (정부는 그 전쟁 계획을 감추려고 애썼다.)

[wait] ❶ 흰색 ❷ 눈 ❸ 백인 ❹ 백발 ❺ 달걀의 흰자위

white의 흰색이라는 대표적인 의미는 다양한 상황과 맥락에서 활용됩니다. 크림이나 우유를 타지 않은 커피를 black이라고 하듯이 우유를 섞은 차나 커피는 white라고 하지요. 한편, 백인은 white, <u>백인 우월주의</u>는 white supremacy라고 합니다.

<u>달걀 흰자위</u>나 눈snow도 white라고 합니다. 문득 백설 공주 snow white에 관한 다양한 버전의 이야

기가 떠오르는군요. 저는 백설 공

주가 왕비와 함께 여권운동가

가 되는 내용이 가장 흥미로웠

습니다. 그녀들은 이 이야기를

읽고 자라는 아이들의 새로운 롤

모델이 되어 주겠지요.

고대 로마의 집정관은 흰색 옷을 입었다고 합니다. 국민에게 '정치적 지조와 순결'을 지키고, 권력과 돈을 탐하지 않겠다는 약속의 상징으로 흰색 토가를 입은 것이죠. 선거 <u>입후보자</u>를 뜻하는 candidate의 어원은 라틴어 candidatus(흰색 옷을 입은 사람)에서 유래했습니다.

반면 여성에게 흰색은 조금 다른 의미였습니다. 고대 그리스에서는 기쁨의 상징인 흰색을 신부복으로 입었다고 합니다. '순결'과 '순종'의 의미는 기독교인에게서 비롯되었다고 하니 의미는 갖다 붙이기 나름이라는 생각이 듭니다.

정부가 정치, 외교, 경제 등 각 분야에 대한 현상을 분석하여
전망을 발표하는 보고서를 white paper(백서)라고 합니다.
시사 단어로 알아 두면 유용합니다.

A: I want some coffee, please?

B: Black or white?

A: White, please.

A: 커피 좀 주시겠어요?

B: 블랙커피로 할까요?

A: 크림을 넣어 주세요.

[wig] ❶ 가발 ❷ 고관, 법관 ❸ 흥분시키다

머리털로 만들어 머리에 쓰는 가발wig에는 오랜 역사가 있습니다. 고대 이집트인은 고유의 기술로 가발을 제작해서 두피를 보호하는 용도로 쓰기도 했지만 주로 패션 소품처럼 착용했다고 합니다. 기원전 1세기 로마에서는 금발 가발이 성행했습니다. 게르만 민족의 금발을 전리품으로 여겼다는군요.

한편 기독교 교회는 가발을 금지하려는 시도를 멈추지 않았습니다. 가발을 착용한 사람은 신의 축복을 받을 수 없다고 단언했고, 가발을 쓴 신자의 예배 참배를 금지했습니다.

오랫동안 박해받은 가발을 옹호한 사람은 튜더 왕조의 마지막 군주인 엘리자베스 1세였습니다.

엘리자베스 여왕은 점점 넓어지는 이마와 엷어지는 머리카락을 숨기기 위해 붉은 가발을 무려 80여 개나 보유했다고 해요. "짐은 국가와 결혼했다"라는 말로 백성의 사랑을 받았던 여왕도 미모를 유

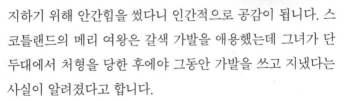

지하기 위해 안간힘을 썼다니 인간적으로 공감이 됩니다. 스코틀랜드의 메리 여왕은 갈색 가발을 애용했는데 그녀가 단두대에서 처형을 당한 후에야 그동안 가발을 쓰고 지냈다는 사실이 알려졌다고 합니다.

wig는 가발, 가발을 쓴 사람 외에 고관이나 법관을 가리키기도 합니다. 18세기부터 변호사와 판사는 법정에서 가발을 포

함한 의상을 갖춰 입었는데 여기서 나온 뜻이지요. <u>가발을</u>
<u>쓰다</u>는 wear/put on a wig, <u>가발을 벗다</u>는 take off wig입
니다.

wig에는 <u>흥분시키다</u>라는 뜻도 있습니다. keep one's wig
on은 <u>화내지 않다</u>, <u>흥분하지 않다</u>라는 뜻으로 사용되는 숙
어입니다.

He appeared in court in wig and gown. (그는 법관의
정장을 갖춰 입고 법정에 출두했다.)

Keep your wig on even if an interviewer asks rude
questions. (면접관이 무례한 질문을 하더라도 흥분하지
마라.)

"걱정해서 걱정이 없어지면 걱정이 없겠네"라는 티베트 속담은 저처럼 매사를 걱정하는 소심한 사람에게 아주 적절한 말이 아닐 수 없습니다. 문제는 이 속담이 아주 훌륭한 조언이라는 것을 알면서도 자잘한 걱정을 멈추지 못한다는 것입니다. 타고난 성격은 어찌할 수 없나 봅니다.

worry는 걱정하다라는 뜻으로 잘 알려진 단어입니다. 조르다, 귀찮게 굴다, (동물이) ~을 물고 흔든다, 만지고 집적거리다라는 의미도 있어요. 인간이 여러 개의 얼굴을 가진 것처럼 단어에도 여러 가지 뜻이 있다는 사실을 알게 되면 참 흥미롭습니다. 그런데 worry가 가진 다양한 의미는 어쩐지 늘 주변에서 집적거리고 귀찮게 구는 걱정의 성질과 비슷하다는 생각이 듭니다.

끊임없이 계속되는 걱정을 떨쳐 버리려면 의식적으로 긍정적인 생각을 하거나 때로는 망각하는 것도 필요합니다. 바비 맥퍼린의 노래 「Don't worry, be happy」를 들으면서 잠시 유쾌한 기분을 만끽해야겠습니다.

My mother is always worried about her health because she doesn't want to be a burden to her children. (엄마는

자식들에게 짐이 될까 봐 항상 당신 건강을 걱정하신다.)

I like watching my puppy worrying socks. He is so cute.
(나는 우리 집 강아지가 양말을 물고 흔드는 걸 보는 게 좋다.
무척 귀엽다.)

노란색yellow 하면 개나리나 병아리가 가장 먼저 떠오릅니다. 사랑스럽고 생기발랄한 이미지죠. 노란색은 본능적으로 사람을 끌어당기는 색이고 주목도가 높기 때문에 책을 읽거나 공부할 때 활용하면 암기에 도움이 된다고 합니다. 이 책을 읽으면서 중요한 부분에 노란색 형광펜을 죽죽 그어 보세요. 물론 지나치게 많이 그으면 효과는 없겠죠.

노란색은 황금 빛깔이기도 합니다. 중국에서는 황제의 용포를 황금색으로 만들었기 때문에 평민이나 귀족은 노란색 옷을 입지 못했습니다. 통치자는 자신의 모든 소유물을 금으로 만들었지만 그 재력을 따라갈 수 없었던 일반인은 황금과 똑같은 색의 금속을 만들던 와중에 놋쇠를 발견합니다. 그때부터 놋그릇 같은 생활용품을 만들게 되었죠.

yellow는 동사로 사용하면 노래지다, 노랗게 되다라는 의미입니다. 겁이 많다, 소심하다라는 부정적인 의미도 있어요. 선정적인, 흥미 위주의라는 의미에서 yellow journalism(황색 저널리즘)이라는 용어도 나왔습니다. 독자를 끌어들이기 위해 사실을 왜곡하거나 선정적인 기사를 내보내는 것을 말하지요. 영국에서는 선정적인 보도 열풍에 편승한 파파라치로 인해 다이애나 황태자비가 교통사고로

숨지는 비극도 일어났습니다. 황색 저널리즘에 휘둘리지 않으려면 관심을 꺼야 하는데 사람 심리는 그런 것에 끌리는 면도 있으니 골치 아픕니다.

yellow에는 황인종이라는 뜻도 있지만 비하하는 의미이기 때문에 쓰지 않는 것이 좋습니다.

It's a bit sad to watch yellowing snapshots. (누렇게 바래 가는 스냅사진을 보면 조금 서글프다.)

I was too yellow to confront bullies. (너무 겁이 나서 나를 괴롭히는 아이들에게 맞설 수 없었다.)

1893년 미국의 휫컴 저드슨은 비대한 체격 때문에 구두끈을 묶고 푸는 데 불편을 느끼고 연구 끝에 지퍼zip를 발명했습니다. 하지만 단추에 익숙한 대중의 외면, 비싼 가격과 걸림 현상으로 크게 주목을 받지는 못했습니다. 오늘날의 지퍼 형태는 스웨덴의 기디언 선드백이 만들었지요. 이 지퍼의 첫 번째 고객은 미군으로, 제1차 세계대전 중에 사용한 전대, 낙하복 등의 물품에 지퍼를 달았다고 합니다. 사실 '지퍼'zipper는 고무회사 굿리치에서 고무장화에 지퍼를 부착하면서 붙인 명칭입니다. zip보다는 zipper라는 단어가 입에 착착 붙었는지 이때부터 대중의 주목을 받게 되었지요. 지퍼 덕분에 옷을 입고 벗는 시간이 절약되고 아이들도 혼자서 옷을 갈아입게 되었습니다.

하루에도 몇 번씩 올렸다 내렸다 하는 지퍼를 zip이라고 합니다. 또한 zip은 총알이 날아가거나 천이 찢기는 소리를 뜻하는 의성어나, 쌩 혹은 핑하고 나아가다라는 의미로 쓰입니다. zero처럼 0이나 무無라는 뜻도 있어요. 지퍼를 잠그다, 비밀을 지키다라는 뜻으로도 자주 쓰이니 기억해 두세요. 마지막으로 컴퓨터 파일을 압축하다라는 뜻도 지닙니다.

A red car zipped past us. (붉은 차 한 대가 쌩하고 우리 옆을 지나갔다.)

We won the game five zip. (우리는 그 게임을 5대 0으로 이겼다.)

It's not very easy for a child to zip up his jacket at first. (처음부터 아이가 혼자서 재킷의 지퍼를 올리긴 쉽지 않다.)

참고한 책

슈테판 레베니히 지음, 최철 옮김, 『누구나 알아야 할 서양 고대
    101가지 이야기』(플래닛미디어, 2006).

한호림 지음, 『뉴욕에 헤르메스가 산다』전2권 (웅진지식하우스,
    2010).

장한업 지음, 『단어로 읽는 5분 세계사』(글담출판, 2016).

피에르 제르마 지음, 김혜경 옮김, 『만물의 유래사』(하늘연못,
    2004).

주경철 지음, 『문화로 읽는 세계사』(사계절, 2015).

지바현역사교육자협의회 세계사부 엮음, 김은주 옮김, 『물건의
    세계사』(가람기획, 2002).

찰스 패너티 지음, 『배꼽티를 입은 문화』전4권 (자작나무, 1995).

박신영 지음, 『백마 탄 왕자들은 왜 그렇게 떠돌아다닐까』
    (페이퍼로드, 2013).

김융희 지음, 『빨강』(시공사, 2005).

와타히키 히로시 지음, 윤길순 옮김, 『사소한 것들의 역사』전2권
    (자작나무, 2000).

박영수 지음, 『색채의 상징, 색채의 심리』(살림, 2003).

이영숙 지음, 『식탁 위의 세계사』(창비, 2012).

이택광 지음, 『영단어 인문학 산책』(난장이, 2010).

김홍기 지음, 『옷장 속 인문학』(중앙북스, 2016).

강준만 지음, 『인문학은 언어에서 태어났다』(인물과사상사, 2014).

강준만 지음, 『재미있는 영어 인문학 이야기』전4권 (인물과사상사,
    2015).

요한 하위징아 지음, 이종인 옮김, 『중세의 가을』 (연암서가, 2012).

양태사 지음, 『중세의 길거리의 문화사』 (이랑, 2015).

양태자 지음, 『중세의 뒷골목 풍경』 (이랑, 2011).

이소부치 다케시 지음, 강승희 옮김 『홍차의 세계사, 그림으로 읽다』
  (글항아리, 2010).

단어의 배신
: 베테랑 번역가도 몰랐던 원어민의 영단어 사용법

2017년 4월 4일   초판 1쇄 발행
2021년 4월 24일   초판 3쇄 발행

지은이
박산호

펴낸이	**펴낸곳**	**등록**
조성웅	도서출판 유유	제406-2010-000032호(2010년 4월 2일)

주소
서울시 마포구 동교로15길 30, 3층 (우편번호 04003)

전화	**팩스**	**홈페이지**	**전자우편**
02-3144-6869	0303-3444-4645	uupress.co.kr	uupress@gmail.com

페이스북	**트위터**	**인스타그램**
facebook.com	twitter.com	instagram.com
/uupress	/uu_press	/uupress

편집	**디자인**	**마케팅**
전은재	이기준	송세영

제작	**인쇄**	**제책**	**물류**
제이오	(주)민언프린텍	(주)정문바인텍	책과일터

ISBN 979-11-85152-62-2 03740

유유 출간 도서

공부

단단한 시리즈

단단한 공부
내 삶의 기초를 다지는 인문학 공부법
윌리엄 암스트롱 지음, 윤지산 윤태준 옮김

듣는 법, 도구를 사용하는 법, 어휘를
늘리는 법, 생각을 정리하는 법 등
효율적인 공부법을 실속 있게
정리한 작지만 단단한 책. 원서의
제목 'Study is Hard Work'에서도
짐작되듯 편하게 익히는 공부법이
아니라 고되게 노력하여 배우는
알짜배기 공부법이므로, 이 책을
따라 익히면 공부의 기본기를 제대로
닦을 수 있다.

단단한 독서
내 삶의 기초를 다지는 근본적 읽기의 기술
에밀 파게 지음, 최성웅 옮김

KBS 'TV, 책을 보다' 방영 도서.
프랑스인이 100년간 읽어 온
독서법의 고전. 젊은 번역가가
새롭게 번역한 이 책을 통해 이제
한국 독자도 온전한 번역본으로
파게의 글을 읽을 수 있다. 프랑스는
물론이고 유럽 각국의 교양인이
지금까지도 에밀 파게의 책을
읽는 이유는 이 책에 아무리 오랜
세월이 흘러도 변치 않는 근본적인
독서의 기술이 알뜰살뜰 담겨 있기
때문이다. 파게가 말하는 독서법의
요체는 '느리게 읽기'와 '거듭 읽기'다.
파게에게 느리게 읽기는 제일의
독서 원리이며, 모든 독서에
보편적으로 적용된다.

단단한 과학 공부
내 삶의 기초를 다지는 자연과학 교양
류중랑 지음, 김택규 옮김

박학다식한 노학자가 과학의 다양한
분야를 이해하기 쉽게 설명한
안내서. 작게는 우리 몸 세포의
움직임이 우리의 마음에 어떻게
반응하는지부터 크게는 저 우주의
은하와 별의 거리까지, 우리를
둘러싼 세상을 과학의 눈으로
바라보게 한다. 곳곳에 스며든
인간적 시선과 통찰, 유머가 읽는
즐거움을 더한다.

단단한 사회 공부
내 삶의 기초를 다지는 사회과학 교양
류중랑 지음, 문현선 옮김

우리가 상식으로 알고 있는 사회
현상을 근본부터 다시 짚어 보게
하는 책. 일상생활에서 자주 접하는
일화들을 알기 쉽게 설명해 과거와
현재 그리고 미래에 일어났고
일어나고 있고 일어날 일을 스스로
생각하고 판단하게 한다. 역사의
흐름을 한 축으로, 이성을 기반으로
하는 과학 정신을 다른 한 축으로
하는 이 책은 사회를 보는 안목을
높인다.

공부하는 사람 시리즈

공부하는 엄마들
인문학 초보 주부들을 위한 공부 길잡이

김혜은, 홍미영, 강은미 지음

공부하고 싶지만 어떻게 하면
좋을지 알지 못하는 엄마들 그리고
모든 이를 위한 책. 인문 공동체에
용감하게 뛰어들어 처음부터
하나하나 시작한 세 주부의 글로
꾸며졌다. 자신의 이야기부터
비슷한 경험을 하고 있는 다른
주부와 나눈 대화, 여기에 도움이
될 만한 도서 목록, 공부하는 사람과
함께할 수 있는 인문학 공동체의
목록까지 책 말미에 알차게
담아냈다.

번역자를 위한 우리말 공부
한국어를 잘 이해하고 제대로 표현하는 법
이강룡 지음

외국어 실력을 키우는 번역 교재가
아니라 좋은 글을 판별하고 훌륭한
한국어 표현을 구사하는 태도를 길러
주는 문장 교재. 기술 문서만 다루다
보니 한국어 어휘 선택이나 문장
감각이 무뎌진 것 같다고 느끼는
현직 번역자, 외국어 구사 능력에
비해 한국어 표현력이 부족하다
여기는 통역사, 이제 막 번역이라는
세계에 발을 디딘 초보 번역자
그리고 수많은 번역서를 검토하고
원고의 질을 판단해야 하는 외서
편집자가 이 책의 독자다.

동사의 맛
교정의 숙수가 알뜰살뜰 차려 낸 우리말 움직씨 밥상
김정선 지음

20년 넘도록 문장을 만져 온 전문
교정자의 우리말 동사 설명서.
헷갈리는 동사를 짝지어 고운 말과
깊은 사고로 풀어내고 거기에 다시
이야기를 더해 재미있게 읽을 수
있도록 했다. 일반 독자라면 책 속
이야기를 통해 즐겁게 동사를 익힐
수 있을 것이고, 우리말을 다루는
사람이라면 사전처럼 요긴하게 쓸 수
있을 것이다.

내 문장이 그렇게 이상한가요?
내가 쓴 글, 내가 다듬는 법
김정선 지음

어색한 문장을 살짝만 다듬어도
글이 훨씬 보기 좋고 우리말다운
문장이 되는 비결이 있다. 20년

넘도록 단행본 교정 교열 작업을 해
온 저자 김정선이 그 비결을 공개한다.
저자는 자신이 오래도록 작업해 온 숱한
원고들에서 공통으로 발견되는 어색한
문장의 전형을 추려서 뽑고, 문장을
이상하게 만드는 요소들을 간추린 후
이렇게 문장을 나듬어야 유려한 문장이
되는지 요령 있게 정리해 냈다.

후 불어 꿀떡 먹고 꺽!
처음 맛보는 의성의태어 이야기
장세이 지음

한국어 품사 교양서 시리즈 2권.
의성의태어를 좀 더 깊이 들여다볼 수
있도록, 상황에 따라 나누고 뜻에
따라 갈래지은 책이다. 저자는 우리가
일상에서 생활하면서 느끼는 것들을
표현한 다종다양한 의성의태어를
새롭고 발랄한 언어 감각으로 선보인다.
생동감 넘치는 의성의태어 설명과
더불어 재미난 이야기를 통해 실제
용례를 확인할 수 있다. 의성의태어
활용 사전으로도 유익하다.

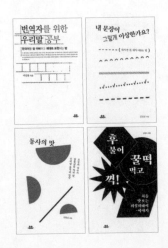

공부의 기초

공부하는 삶
배우고 익히는 사람에게 필요한 모든 지식
앙토냉 질베르 세르티양주 지음, 이재만 옮김

공부 의욕을 북돋는 잠언서. 프랑스는
물론이고 영미권에서는 지금까지도
이 책을 공부의 길잡이로 삼아 귀중한
영감과 통찰력, 용기를 얻었다고
고백하는 독자가 적지 않다.
지성인의 정신 자세와 조건, 방법에
대해 알뜰하게 정리한 프랑스의
수도사 세르티양주는 공부가 삶의
중심이며 지성인은 공부를 위해
삶 자체를 규율해야 한다고 말한다.

공부책
하버드 학생들도 몰랐던 천재 교수의 단순한 공부 원리
조지 스웨인 지음, 윤태준 옮김

공부를 지식의 암기가 아닌 지식의
활용이라는 관점에서 보고 그런
공부를 하도록 안내하는 책. 학생의
자주성만큼이나 선생의 역할이
중요함을 강조한 저자는 이 책에서
기본적으로 선생과 학생이 있는
교육을 중심에 두고 공부법을
설명한다. 단순하고 표준적인 방법을
확고하고 분명한 어조로 말한 책으로,
그저 지식만 습득하는 공부가 아닌
삶의 기초와 기조를 든든하게 챙길
공부를 원하는 사람이라면 일독해야
할 책이다.

평생공부 가이드
브리태니커 편집장이 완성한 교양인의 평생학습 지도
모티머 애들러 지음, 이재만 옮김

인간의 학식 전반을 개관하는
종합적 교양인이 되기를 원하며
거기에서 지혜를 얻으려는 사람을
위한 안내서. 미국의 저명한
철학자이자 전설적인 브리태니커
편집장이었던 저자는 평생공부의
개념마저 한 단계 뛰어넘어,
인간으로서 이룰 수 있는 수준 높은
교양의 경지인 르네상스인이
되고자 하는 이들을 위해 인류가
이제까지 쌓아 온 지식을 제대로
파악할 수 있는 지도를 완성했다.
이제 이 지도를 가지고 진정한
인문학 공부 여행을 떠나도록 하자.